RECETAS PARA ENRIQUECER TU MATRIMONIO:
CÓMO MANTENER LAS LLAMAS DEL AMOR

Distribuido por:

ENRIQUECIENDO MATRIMONIOS, FAMILIAS Y LÍDERES

MISIÓN PARA VIVIR

MISIÓN PARA VIVIR, INC, (MIPAV)
PARKWAY STATION, P.O. BOX 622504; BRONX, NY 10462 USA
WWW.MISIONPARAVIVIR.ORG

PEDIDOS:

Llámenos a: 646-401-5111 ó 917-439-0650
Envíe un mensaje por e-mail:
hector.zorrilla@misionparavivir.org
Visite nuestra página:
www.misionparavivir.org

Héctor y Clemencia Zorrilla

RECETAS PARA
ENRIQUECER TU MATRIMONIO
CÓMO MANTENER LAS LLAMAS DEL AMOR

PUBLICACIONES MISIÓN PARA VIVIR, INC
(MIPAV)
HÉCTOR Y CLEMENCIA ZORRILLA

RECETAS PARA ENRIQUECER TU MATRIMONIO
CÓMO MANTENER LAS LLAMAS DEL AMOR

Autores: Héctor y Clemencia Zorrilla

Se efectuó el depósito de ley en la Biblioteca del Congreso de los Estados Unidos. Washington, D.C.

Copyright ©2008 Héctor y Clemencia Zorrilla
Parkway Station
PO Box 622504
Bronx, NY 10462
Tel. 646-401-5111
E-mail: hector.zorrilla@misionparavivir.org
Web: www.misionparavivir.org

Library of Congress Control Number: 2008938553

Segunda Edición – 2008
Primera re-impresión - 2009

Cubierta Flexible: ISBN 978-0-984189-73-1

© 2008 PUBLICACIONES MISIÓN PARA VIVIR, INC (MIPAV)
HÉCTOR Y CLEMENCIA ZORRILLA
Parkway Station
P.O.Box 622504
Bronx, NY 10462

Todos los derechos reservados. Esta publicación no puede ser reproducida, ni en parte ni en un todo, ni registrada en, o transmitida por, un sistema de recuperación de información, en ninguna forma ni por ningún medio, sea mecánico, fotoquímico, electrónico, magnético, electro óptico, por fotocopia o cualquier otro medio, sin permiso previo por escrito de los autores.

Recomiendan este libro

Algunas personas que leyeron el manuscrito de este libro antes de publicarse, comentaron que "este es el libro del siglo". Nosotros decimos que este es el libro de la hora, del momento en que la humanidad vive ahora. La lectura de este libro le devolverá el verdadero amor a millones de personas. *Recetas para enriquecer tu matrimonio,* enseña cómo mantener las llamas del amor encendidas y vivas dentro del matrimonio. Además, podrán prevenir que se apaguen antes de casarse y después de estar casados. A continuación, damos algunas de las opiniones sobre el libro:

Los pastores, Héctor y Clemencia Zorrilla, en su quinto libro sobre "Recetas para enriquecer tu matrimonio", han dado en el blanco. En este libro se describen grandes beneficios con recetas que verdaderamente producen resultados para todos los matrimonios, tanto los funcionales, como los que necesitan de ayuda; a los recién casados y los veteranos les será de gran bendición leerlo. En él encontramos consejos preventivos, consejos prácticos, y consejos de mantenimiento para un matrimonio saludable.

Como dos experimentados profesionales que son, los autores prescriben las recetas certeras para sanar, no simplemente para aliviar. Los pastores Zorrilla cierran su libro con broche de oro, brindándonos una lista de consejos sabios para los matrimonios que se encuentran en apuros, necesitados de una receta de rápida acción. Un libro que debe estar en toda biblioteca pastoral y departamento de consejería de cada iglesia cristiana, ya que posee un contexto bibliocéntrico de ayuda matrimonial. Felicito a los Pastores Héctor y Clemencia Zorrilla, por este libro de recetas que no debe faltar en ningún botiquín conyugal.

Dr. Gilberto Pichardo Ph.D
Pastor y Consejero Matrimonial y Familiar Certificado

Conozco los consejeros y conferencistas matrimoniales, Héctor y Clemencia Zorrilla. Hoy, en su carácter de escritores, vuelven a hacer una nueva e invaluable contribución a las familias y especialmente a los matrimonios heridos de nuestra generación.

Como pastor por más de 21 años, como obispo y presidente de asociación pastoral, me siento en el deber de agradecer a los esposos Zorrilla la contribución que hacen con la publicación de este libro, no sólo a los matrimonios heridos, sino también a nosotros, los pastores, quienes con la ayuda de recursos como estos, seremos de mayor efectividad en dicha encomienda. Recomiendo altamente esta obra, y una vez más: GRACIAS esposos Zorrilla por pensar en los matrimonios de este siglo.

Apóstol Carlos Luís Vargas, Pastor de Freeport Bible Center
Obispo del Concilio Centro Bíblico Internacional y Presidente
de la Asociación de Pastores Hispanos de Long Island

En este nuevo libro, Héctor y Clemencia Zorrilla hablan con autoridad, y no tienen reparos en reconocer que en sus respectivas familias de origen carecieron de los modelos apropiados, y que en el devenir de la vida de pareja tuvieron que enfrentar crisis importantes.

Estas recetas son precisamente las fórmulas que les funcionaron, y que ahora las ponen al alcance de todos nosotros. Lo hacen con un lenguaje entendible por la persona más simple, mientras al mismo tiempo tocan los temas más importantes que han sido reconocidos por los especialistas.

Si uno piensa en la formación profesional de Héctor como pastor, psicólogo, sexólogo y terapeuta familiar, aparte de su experiencia como autor de libros y articulista fijo en periódicos diarios, al lado de la formación de Clemencia como maestra, pastora y consejera, se comprende la virtud de hablar sobre cosas tan importantes sin recurrir a las jergas profesionales.

Este libro está escrito para leerse en pareja, en la intimidad del matrimonio, pero también es bueno para novios que están pensando en casarse. Lo mejor sería sacar un tiempo especial para digerirlo bien, pero también puede servir para llenar momentos de espera obligatoria en las circunstancias de la vida cotidiana.

Bienvenidos, Clemencia y Héctor, con este nuevo aporte. Mucha gente les va a agradecer estas "recetas". Ojalá que su lectura sea amplia y llegue a tanta gente que la necesita. Sus beneficios intangibles repercutirán sobre toda la sociedad.

DR. JOSÉ RAFAEL DUNKER L., DIRECTOR EJECUTIVO DE IMAFA
MÉDICO/PSIQUIATRA, ESCRITOR, CONFERENCISTA

El libro es una obra novedosa, llena de frescura y creatividad que bendecirá a miles de parejas que a diario enfrentan el reto de estar casados en una sociedad en contra de los matrimonios. Recomiendo este libro a todos aquellos que desean crecer más y madurar en su trato y relación.

REV. VÍCTOR TIBURCIO, D. MIN.
SENIOR PASTOR IPJ ALIENTO DE VIDA, INC.
NEW YORK CITY

En los días que vivimos, donde damos prioridad a las cosas que con mucha más premura nos impulsan a ocupar el precioso tiempo que Dios nos regala, olvidamos algunas que debemos darle mayor prioridad, como es la familia. En esta hora de la humanidad, donde la familia tiene que ser una prioridad de todos nosotros, surge Recetas para enriquecer tu matrimonio de los esposos Zorrilla, sin lugar a dudas, un libro que enriquecerá su hogar y le bendecirá junto a los suyos.

DR. MIGUEL & MARGARITA AMADIS.
¡PAZ Y GOZO DE DIOS!
DR. MIGUEL AMADIS PH.D.
IGLESIA EL CAMINO INTERNACIONAL ACM

Héctor y Clemencia Zorrilla son uno de los líderes que Dios ha levantado para enriquecer los matrimonios de esta generación. En su libro "Recetas para enriquecer tu matrimonio" plasman verdades trascendentales que beneficiarán a todos los matrimonios de la iglesia de hoy. Nosotros con entusiasmo los invitamos a que no dejen de leer este libro.

PASTORES FABIO Y JAKELINE CASTAÑEDA
LÍDERES MATRIMONIALES/CONFERENCISTAS
PASTORES: IGLESIA REY DE REYES

En estos tiempos no podemos ignorar que el matrimonio está siendo atacado impresionantemente. En este libro, los esposos Zorrilla nos ofrecen excelentes recetas innovadoras que ayudarán tanto a los casados, como aquellos que piensan entrar a un matrimonio de compromiso. ¡Simplemente, debe ser leído!

PASTOR CECILIO HERNÁNDEZ
IGLESIA CRISTIANA EBENEZER ASAMBLEAS DE DIOS
LOWELL, MASSACHUSSETS

Las iglesias están compuestas por familias, por lo cual deben de solidificarse en las Escrituras, y este libro contiene los principios básicos para fortalecer los hogares; es muy práctico y contemporáneo para los matrimonios y familias. Los lectores de este libro se beneficiarán mucho al evaluarse a sí mismos con las preguntas que acá están. Es adecuado para las necesidades de nuestra cultura hispana en el contexto de una sociedad que sufre constantes cambios.

DR. JOSÉ MENÉNDEZ
MINISTERIOS HISPANOS - IGLESIAS BAUTISTAS AMERICANA DE LOS ANGELES
DIRECTOR DE MINISTERIO A LA FAMILIA PARA LAS IGLESIAS HISPANAS DE LA REGIÓN DE LOS ÁNGELES Y NEVADA, ARIZONA, NORTE Y SUR DE CALIFORNIA.

Mantener encendido el fuego del amor matrimonial en un mundo que trata de desacreditarlo, requiere incluir a Dios en todas las decisiones. Los autores comparten ricas lecciones, no teorías, mostrando cómo la pareja puede aportar diariamente su granito de arena, para un matrimonio duradero y lleno del amor de Dios en las vidas de sus hijos.

PASTOR JUAN C. FLORES, PRESIDENTE
LIDERAZGO E INNOVACIÓN

Todos los que lean este libro se beneficiarán, porque contiene las herramientas necesarias para salir adelante en la gran empresa que es el matrimonio. Este libro es útil para la Iglesia de hoy, porque explica de manera clara y práctica los elementos necesarios para un buen matrimonio. Y es saludable para los matrimonios porque, aunque no somos perfectos, tenemos la semejanza de Dios en nosotros.

PASTOR FELIPE ARIAS
IGLESIA EVANGÉLICA MISIONERA DE BROOKLYN

Existe una fuerte tendencia en absolutizar lo relativo, dejando de lado los valores que sostienen nuestra adecuada funcionalidad. Estos valores son los que los esposos Zorrilla nos muestran en esta obra. Sin pretender entregarnos una fórmula, nos ofrecen una "receta" dirigida a enriquecer la relación matrimonial desde la vitalidad misma del amor, su naturaleza e infinitas posibilidades: un encuentro de dos que hacen de la expresión de su amor romántico la senda a la funcionalidad como uno.

PASTOR FÉLIX RODRÍGUEZ
PASTOR-MAESTRO, TERAPEUTA FAMILIAR, IGLESIA BÍBLICA BAUTISTA,
HAVERHILL MA

Héctor y Clemencia Zorrilla

Los esposos Héctor y Clemencia Zorrilla, además de pastores, son psicólogos y conferencistas, frecuentemente invitados a charlas, conferencias, talleres, seminarios, cursos y congresos, para hablar sobre temas del matrimonio, la familia y el liderazgo. Ellos hablan a los matrimonios, los líderes, los hombres, las mujeres y los jóvenes. Producen el Programa Radial y de Televisión "Que Vivan los Matrimonios", que se transmite en los Estados Unidos, Latinoamérica y Europa. Son fundadores y presidentes de Misión para Vivir, Inc. (MIPAV) con sede en Nueva York, cuyo lema es: "Enriqueciendo matrimonios, familias y líderes".

Próximo libro de los esposos Zorrilla: "Recetas para enriquecer tu vida sexual: Cómo disfrutar tu sexualidad en el matrimonio".

Dedicatoria

A Dios, quien por su misericordia y amor ágape sanador, se complació en restaurar, sanar, enriquecer, bendecir y escoger nuestro matrimonio para el servicio y la expansión de su Reino.

A nuestros hijos, quienes nos han bendecido con su perdón, sus sonrisas, sus abrazos, y los momentos de alegría y de dolor: Isaac, William, Kirsis y Melissa.

A nuestros padres biológicos, quienes fueron los instrumentos que Dios utilizó para traernos a esta Tierra: (de Héctor: Hilda y Julio; de Clemencia: María y Félix).

A nuestra familia nuclear de origen, de quienes aprendimos los primeros modelos para entender el significado de un matrimonio, y de nacer y criarse en una familia nuclear: (de Héctor: Randy, Juan, Milvio-fallecido-, Ramón, Estela, María, Elli, Diony, Yolito, Julita); de Clemencia: Cecilia, Manuel, Félix, José, Iluminada, Domingo).

A todos estos pastores y líderes amigos, quienes creen en Misión para Vivir, Inc. (MIPAV), y cuyo número es cada día más grande. Solamente tenemos espacio para mencionar aquí los pastores y líderes amigos que nos bendijeron escribiendo párrafos de comentario para este libro y otros pastores amigos: Dr. José Rafael Dunker; pastor Víctor Tiburcio; Dr. Miguel y Margarita Amadis; Dr./pastor Gilberto Pichardo; pastores Favio y Jacqueline Castañeda; pastor Juan Carlos Flores; Dr. José Menéndez; pastor Felipe Arias; pastor Pedro L. Olivieri; pastor Cecilio Hernández; pastor Féliz Rodríguez; pastor Salvador

García; Rev. Apóstol Luís Carlos Vargas; pastor Natividad Fermín; pastor Freddy Noble; pastores Luís y Maria Musio; pastor Ángel D. Melo; pastores José y Elizabeth Montoya; pastores Tomás y Lidia Cabrera; pastor Héctor Mateo; pastor Roberto Amorós; pastor Norberto Mejía; pastores Manuel e Yvette Rovayo; pastor Héctor Fernández; pastor Víctor Baret; pastores Samuel y Ángela Medina; pastores Winston y Rosy Maldonado; pastor Humberto Solís; pastor Rolando González; pastor José Darío Camilo; pastor Elvis Sena; pastor Luís Pineyro; pastor Salomón Orellana; pastores Oscar y Luisa Sánchez; Rev. Juan de Dios y Reyna Caraballo; pastor Martín Adames G; pastor José Gándara; pastora Zoila Lagunas; pastor Wilfredo Almonte; pastora Jacqueline Ballista; pastor Nelson Gustavo Rodríguez Andújar; pastor Gustavo Acevedo; pastores Manuel y Mercedes Chan Silvestre; pastores Jacobo y Mary Rodríguez; pastores Freddy y Fior Jiménez.

A las siguientes parejas líderes de matrimonios amigas: Jorge e Iliana Ramírez, Luís y Sandra Cifuentes, Roberto y Loida Irizarri, José y Dorcas Bello, Miguel y Noemí Pacheco, William y Zoila Martínez, Fernando y Olga Barrientos, Pascual y Janet Martínez, Carlos y Sarai Rodríguez, Phillip y Ruth Espino, Víctor y María Parra, Gloria y Julio Amaya, Edgar y Teresa Arzu, Julio y Milagros Liviano, Mark y Esther Ford, Jerome y Noemí Ford, Marcos y Zoila Núñez, Nicolás y Aracelys Vidal, Polo y Lidia Velásquez, Filiberto y Carmen Lisboa, José y Josefina Roja, Ángel Atiles y Glennis Méndez, José e Ilbania Padilla, Daniel y Karen Muñoz, Alejandro y Joselita Collado, Boby Medina y esposa, César Carrasco y esposa, Pedro e Ivelisse Mercedes Mata, José Luís Rodríguez y esposa, Juan y Ruth Rodríguez, Orlando y Mara Brinn, Tito y Millie Mattei.

Una especial dedicatoria para Joseph y Rose Jenkins porque han sido una pareja que han bendecido a Misión para Vivir, Inc. (MIPAV) desde sus inicios.

Gracias por bendecirnos tan abundantemente. Estamos rebozados de bendiciones, y listos para devolverlas en actos de "inversiones sagradas" para Dios y su Reino.

Héctor y Clemencia Zorrilla
(Dios es más bueno que bueno)

Agradecimiento

Andy Lozano, quien con su espíritu de amor ágape sanador nos ayudó tanto en la publicación de este libro. La portada y contraportada, y conceptos publicitarios, son suyos.

Peniel Ramírez, quien soportó hasta el final nuestros deseos de que el libro saliera al público como un "producto bello" y digno de leerse. La diagramación y composición del libro es enteramente suyo. Él tiene los créditos de ser el editor de este libro en su primera edición.

Dr. José Rafael Dunker, un amigo entrañable del alma. Tomó de su ocupadísimo tiempo para escribir el prólogo a este libro. No tenemos palabras para decirle cuánto lo amamos con amor ágape sanador de Dios. Además, él es nuestro Mentor.

Roberto y Loida Irizarri, una pareja bendecida por Dios, a quienes llevamos muy dentro de nuestros corazones.

A todos esos matrimonios que, durante nuestro tiempo de trabajo con ellos, han colaborado con sus propias experiencias matrimoniales, para que este libro pueda ser más útil para otras parejas. Estos matrimonios son los verdaderos autores de este libro.

Ángela Genao, quien gentilmente corrigió el estilo de este libro.

H. y C. Z.

ÍNDICE DE CONTENIDO
Recetas para Enriquecer tu Matrimonio

Recomendaciones del libro
Nota de los autores
Dedicatoria
Agradecimiento

Guía para los lectores, 16
Prólogo, 22
Introducción, 26

Cap. 1
Cómo cultivar el jardín del amor, 28

Cap. 2
Cuando las parejas hablan sobre cosas positivas, sus matrimonios mejoran, 42

Cap. 3
Las parejas que resuelven sus conflictos amigablemente son más estables y felices, 46

Cap. 4
La amistad entre los esposos es el factor número uno para tener un matrimonio exitoso y feliz, 50

Cap. 5
La vida es corta: tu matrimonio no tiene porque serlo, 55

Cap. 6
Casarse y crear una familia nuclear son decisiones muy importantes, 60

Cap. 7
Seres humanos imperfectos sí pueden crear matrimonios exitosos, 65

Cap. 8
Conocer el "mapa de amor" de su pareja, 70

Cap. 9
Las tres C's que sostienen un matrimonio exitoso, 75

Cap. 10
Todo matrimonio es tentado por "serpientes", 80

Cap. 11
Los matrimonios y las familias saludables somos instrumentos de Dios, 85

Cap. 12
Mi matrimonio es un pacto, no un contrato social, 90

Cap. 13
Mi matrimonio funciona como un equipo ganador, 95

Cap. 14
Mi matrimonio funciona como un cuerpo, 100

Cap. 15:
Los fundamentos del matrimonio: ser como un árbol plantado, 105

Cap. 16
Los fundamentos del matrimonio: edificar la casa sobre la roca, 110

Cap. 17
Recetas de amor para los jóvenes: cómo elegir bien a tu pareja, 114

Cap. 18
Recetas de amor para los jóvenes: ¿qué realmente sienten y piensan los hombres sobre el amor?, 121

Cap. 19
Recetas de amor para los jóvenes: evita algunos prejuicios al elegir a tu pareja, 126

Cap. 20
Recetas de amor para los jóvenes: ¿qué necesitas para tener un matrimonio estable, exitoso y feliz?, 133

Cap. 21
Evaluación de la satisfacción y los conflictos en el matrimonio, 136

Cap. 22
Matrimonios saludables: sanándose para sanar, 145

Cap. 23
El modelo del matrimonio creado por Dios, 150

Cap. 24
Las perspectivas de Dios comparadas con las perspectivas sociológicas del matrimonio, 154

Cap. 25
Cómo sanar un matrimonio en apuros (crisis), 161

Cap. 26
Pasos para crear ministerios de matrimonios y familias o clubes de parejas en las iglesias locales, 172

Bibliografía, 181
Ministerio Misión para Vivir, Inc., 186
Acerca de los autores, 192

Guía para los lectores del libro: "Recetas para enriquecer tu matrimonio"

El presente libro *Recetas para enriquecer tu matrimonio* puede ser leído por un público con intereses diversos. Es un manual de lectura sencilla y amena. Además, su contenido apela y se aplica a una variedad amplia de asuntos de la vida cotidiana de todos los seres humanos. El matrimonio y la familia ocupan probablemente el noventa por ciento de todas las actividades a que los humanos nos dedicamos. *Recetas para enriquecer tu matrimonio,* se aplica a todas esas actividades y mucho más.

Jóvenes curiosos

Algunos jóvenes que recién empiezan a despertar y a tener ilusiones y fantasías amorosas y románticas, se sentirán atraídos a este libro. Más del noventa y cinco por ciento del libro será de utilidad para ellos. Estos lectores pueden leer cada receta y hacer el ejercicio al final de cada una.

La lectura a profundidad de *Recetas para enriquecer tu matrimonio,* estará preparando a estos lectores para asumir sus propias relaciones amorosas presentes y futuras. Los beneficios que estos lectores obtendrán de la lectura de este libro serán incalculables, así como las parejas en noviazgos formales y/o informales y con planes de casarse.

Parejas en noviazgos formales y/o informales

Las parejas ya dentro de un noviazgo formal y/o informal, y las parejas de novios con planes específicos de matrimonio, derivarán grandes beneficios de la lectura de este libro. Sería mejor si cada uno tuviera su propio libro. Se ponen de acuerdo para leerlo de manera sistemática, pero sin prisa. Leen individualmente cada receta, responden a las preguntas al final de cada una de ellas, y comparan sus respuestas. Los diálogos y las conversaciones que esta lectura producirá, enriquecerá definitivamente su relación de noviazgo.

La lectura sistemática a conciencia de este libro puede empezar a prepararlos para tener y disfrutar un matrimonio saludable, estable, exitoso y feliz. ¡Sería un ejercicio muy saludable, si estas parejas de novios guardaran sus libros con sus respuestas escritas, para que volvieran a leerlas varias veces después de casados!

Parejas en matrimonio con poco y/o muchos años de casados

Cada uno debe tener su propio libro. Se ponen de acuerdo para leer sin prisa. Por separado, el esposo y la esposa responden a las preguntas al final de cada una de las recetas. Luego comparan sus respuestas, y tienen un diálogo y conversación sobre el contenido de la receta leída, y de las respuestas que cada uno dio a las preguntas al final de cada receta. La pareja sigue este proceso hasta terminar la lectura de todas las recetas. Después leen las porciones finales del libro y tienen diálogos y conversaciones sobre sus contenidos y cómo las ideas se aplican o no a su matrimonio en ese momento. Es recomendable que la pareja, al finalizar la lectura del libro, encuentre a otra u otras parejas amigas que hayan hecho la lectura del libro de la misma manera, y con el mismo propósito de enriquecer su matrimonio.

Los beneficios de estos matrimonios aumentarían, si se reúnen formal y/o informalmente (durante un desayuno y/o comida, una reunión de matrimonios amigos, etc.) a comentar sus experiencias con el libro, y cómo éste ha beneficiado su matrimonio.

Reuniones/sesiones de club de parejas, círculo de matrimonios o pastoral familiar.

Este libro puede ser usado como base temática en reuniones formales y/o informales de matrimonios. Cada persona que participa en las sesiones necesita tener su propio libro. En cada sesión se discutirá una sola receta. Es mejor si se divide la lectura entre las parejas participantes, de modo que los párrafos se asignen a diferentes parejas mientras las demás siguen la lectura por sí mismas.

Al terminar la lectura de la receta de esa manera, el matrimonio líder u otro matrimonio, lee de nuevo en su totalidad la receta de ese día en voz alta y pausada. Luego, se permiten diez minutos para que cada persona participante en la sesión responda a las preguntas que corresponden a esa receta leída.

Después que todos hayan terminado de contestar las preguntas de la receta leída durante esa sesión, el matrimonio líder de la sesión dará la oportunidad para que algunas personas voluntarias lean en público y en voz alta sus respuestas.

Es muy importante que las personas que decidan hacer lecturas voluntarias en público de sus respuestas, tengan la anuencia o acuerdo con su pareja, porque es beneficioso que la otra parte también lea sus respuestas en público. Así el grupo podrá abrir una conversación sobre las respuestas dadas por esa pareja a las preguntas de la receta leída durante esa sesión.

La discusión sobre las respuestas de las parejas que leen en público tiene que tener un matiz positivo, no crítico. Este NO es un grupo de terapia matrimonial. La retroalimentación que los matrimonios participantes en la sesión le den a la pareja, que voluntariamente leyó al público sus respuestas a las preguntas de la receta, tiene que ser positiva, bienvenida, alentadora, NUNCA crítica, enjuiciadora, o tratando de enseñar una lección "profesional" sobre el tema.

Si se dispone de más tiempo, durante una misma sesión se pueden permitir que dos a cuatro parejas voluntarias lean sus respuestas en público. Durante este proceso es muy importante que los matrimonios participantes se sientan bienvenidos, acogidos, aceptados dentro del grupo de matrimonios. Hay que evitar y monitorear vigilantemente las críticas y juicios personales. Estas son sesiones de grupos matrimoniales cuyo propósito es sanarse, enriquecerse y bendecirse mutuamente.

Nadie viene a estas sesiones con una actitud de "experto" en temas matrimoniales. Todos los matrimonios participantes se están sanando, enriqueciendo y bendiciendo mutuamente.

La sesión debe terminar en tono positivo y agradable. El ambiente final de la sesión tiene que ser acogedor, cálido. Cada matrimonio participante sale de la sesión enriquecido y bendecido, con deseo de regresar a la próxima sesión, y de traer a una pareja amiga. La sesión termina en un círculo agarrados de las manos. Una pareja voluntaria hace una oración corta específicamente por TODAS las parejas que han participado en esa sesión, pidiendo que sean bendecidas.

Al final, cada persona participante debe recibir un abrazo cálido y cariñoso de cada uno de los participantes en la sesión. Este acto cierra TOTALMENTE el tema de la sesión de ese día. Si hay un brindis al final, que sea ligero y para socializar por unos minutos, NO para seguir hablando del tema de la sesión.

Otros usos para este libro

Este mismo formato descrito arriba se empleará cuando este libro se utilice para los siguientes propósitos:

- Para educación o entrenamiento prematrimonial para jóvenes que se preparan para el matrimonio.
- Como material de entrenamiento de líderes matrimoniales, o parejas que trabajan con otros matrimonios.

- Cursos, seminarios, talleres, conferencias, congresos matrimoniales y familiares.
- Este libro puede usarse en lectura individual, lectura en parejas y lectura en grupo.
- Otros fines pedagógicos con matrimonios y familias en serie para radio, televisión y otros medios masivos de comunicación.

Prólogo

Este nuevo libro de Clemencia y Héctor Zorrilla tiene varios aspectos sobresalientes, y, algunas veces, novedosos. Lo primero es que los autores escriben desde la perspectiva de su propia experiencia matrimonial. No se trata de meras teorías, sino de las mismas medicinas que ellos tuvieron que tomar para sanar su matrimonio. El sólo hecho de escribir en pareja un libro sobre el matrimonio le confiere autoridad. El compromiso de totalidad ("una sola carne") que implica el matrimonio lo hace una empresa difícil. Si convivir con ciertos vecinos, y entenderse con los compañeros de trabajo, o incluso con los hermanos en la Iglesia supone dificultad, hay que suponer lo que significa llevarse bien con una persona con la que uno duerme todas las noches, con la que hace el amor, y con la que tiene que ponerse de acuerdo para tantas situaciones de la vida cotidiana.

Hacer un buen matrimonio implica por lo general un aprendizaje y un crecimiento personal. La persona con la que uno se casa tiene ciertamente unos puntos bonitos por los que nos hemos acercado, pero, tiene también sus puntos no tan bonitos con los que tendremos que lidiar. Lo más grave es que estos puntos neurálgicos son inversamente proporcionales a los encantos. Eso significa que la persona que nos fascina con sus hechizos, tiene también la capacidad de herirnos precisamente donde menos nos gusta.

Lo anterior permite afirmar que hacer un buen matrimonio es como hacer una maestría, y quizá mucho más que eso. Héctor y Clemencia hablan con esa autoridad, y no tienen reparos en reconocer que en sus respectivas familias de origen carecieron de los modelos apropiados, y que en el devenir de la vida de pareja tuvieron que enfrentar crisis importantes. Estas "recetas" son precisamente las fórmulas que les funcionaron, y que ahora las ponen al alcance de todos nosotros.

Otro aspecto importante de este libro es su capacidad de combinar profundidad con sencillez. Generalmente, uno piensa que para hablar de cosas serias hay que utilizar un lenguaje técnico y rimbombante, y que muestre la erudición del que lo utiliza. Héctor y Clemencia logran un lenguaje entendible por la persona más simple, mientras, al mismo tiempo, tocan los temas más importantes que han sido reconocidos por los especialistas.

Si uno piensa en la formación profesional de Héctor como pastor, psicólogo, sexólogo y terapeuta familiar, aparte de su experiencia como autor de libros y articulista fijo en periódicos diarios, al lado de la formación de Clemencia como maestra, pastora y consejera, se comprende la virtud de hablar sobre cosas tan importantes sin recurrir a las jergas profesionales.

Recetas para enriquecer tu matrimonio, tiene también el acierto de construirse sobre una base de valores cristianos. Asistimos a un momento de la historia de la humanidad cuando se abandonan los valores sobre los que se construyó la cultura occidental. Hay que decir sin ambages que lo que todavía se puede señalar como bueno, en este lado del mundo, es herencia cristiana. No es raro que el índice de desarrollo humano corra paralelo a los valores espirituales de las naciones, y que las naciones protestantes se encuentren a la cabeza de este importante indicador. La Escritura ha tenido un papel crucial en todo esto. Las naciones donde la Biblia fue enseñada y practicada se encuentran a la cabeza, no sólo a la cabeza del desarrollo humano y económico, sino en la condición de la mujer y en obras de filantropía.

Clemencia y Héctor Zorrilla han tenido el acierto de armarse de los valores cristianos al prescribir sus "recetas". Este libro llega en un buen momento cuando tenemos urgencia de ayuda, y no tenemos tiempo de ir al consultorio a procurarla. *Recetas para enriquecer tu matrimonio*, es el primer paso que debe dar una persona que desea prevenir o corregir las desavenencias matrimoniales.

Este libro está escrito para leerse en pareja, en la intimidad del matrimonio, pero también es bueno para novios que están pensando en casarse. Lo mejor sería sacar un tiempo especial para digerirlo bien, pero también puede servir para llenar momentos de espera obligatoria en las circunstancias de la vida cotidiana.

Bienvenidos, Clemencia y Héctor, con este nuevo aporte. Mucha gente les va a agradecer estas "recetas". Ojalá que su lectura sea amplia y llegue a tanta gente que la necesita. Sus beneficios intangibles repercutirán sobre toda la sociedad.

Dr. José Rafael Dunker L.
Director Ejecutivo de IMAFA
Médico/psiquiatra, escritor y conferencista

Introducción

¡Estas *Recetas para enriquecer tu matrimonio*, restauraron, sanaron, y enriquecieron nuestro propio matrimonio! Después de casarnos, al final de nuestros años adolescentes, sin haber tenido modelos adecuados de matrimonios (Héctor viene de padres con un matrimonio roto en su niñez; Clemencia viene de un matrimonio duradero, pero no se crió en él, sino hasta la edad de once años), pasar por todas las crisis por las que transita un matrimonio, sin conocimientos elementales de la vida matrimonial y familiar, romper nuestro matrimonio varias veces, pero Dios, en su misericordia y amor ágape infinito, nos alcanzó y salvó nuestro matrimonio.

El amor ágape de Dios restauró, sanó y enriqueció nuestro matrimonio. ¡Y esta es la palabra de esperanza y amor que le presentamos en este libro, que además está grabado en la voz de Héctor como audio-libro: "Hay algunas recetas para enriquecer tu matrimonio"!

Las *Recetas para enriquecer tu matrimonio* vienen del Creador del modelo del matrimonio estable, exitoso y feliz: ¡Dios mismo! Nosotros, los humanos, hemos recogido, refinado y estudiado estas recetas, pero Dios es su originador.

Estas *Recetas para enriquecer tu matrimonio,* son útiles a los siguientes grupos de personas:

- Para las personas casadas y que disfrutan de matrimonios estables. Los matrimonios de estos lectores serán más fortalecidos.
- Para los matrimonios en "apuros" o que están pasando por alguna crisis matrimonial leve o aguda.
- Para los novios que tienen planes de casarse.
- Para los adolescentes que sueñan con casarse.

Estas recetas son un manual de lectura obligatoria para toda persona, joven o adulto, para quienes casarse y formar una familia nuclear, es algo que se encuentra en su mapa de vida personal.

La lectura de *Recetas para enriquecer tu matrimonio,* le producirá una nueva perspectiva de amor y de amarse. Estas recetas contienen herramientas para mantener y para reavivar las llamas de amor dentro del matrimonio.

Capítulo 1
Cómo cultivar el jardín del amor

La primera pareja fue colocada en un jardín, para indicarnos que el amor de pareja y el matrimonio se asemejan a un jardín. Para que el jardín del matrimonio produzca los frutos que deseamos, tenemos que cuidarlo apropiadamente.

En el libro que publicamos en el 1989, titulado "La psicología del amor: aprender a amar", postulamos que el amor de pareja se revela o manifiesta en cuatro fases bien discriminadas. Para parejas dentro de matrimonios saludables, estables, duraderos y felices, entender y practicar estas cuatro fases del amor con que se aman, es un evento crucial que decidirá tanto la calidad, como la cantidad de tiempo que estos durarán.

LAS CUATRO FASES DEL AMOR ROMÁNTICO O DE PAREJA

Es necesario prestar atención especial a estas cuatro fases del amor romántico que las parejas viven dentro de sus matrimonios, debiendo ser la tarea más importante para el éxito en el jardín del amor.

¿Cuáles son las cuatro fases del amor romántico que planteamos en el libro arriba mencionado?

La primera fase es el enamoramiento. En el mundo occidental los matrimonios de las parejas eróticas o amorosas empiezan al enamorarse. En esa parte del mundo, casi todos los seres humanos se enamoran en algún momento de sus vidas. El enamoramiento contiene fuertes e intensos contenidos emocionales y sentimentales. Al enamorarse, las personas sienten todas las fibras de sus vidas afectivas sacudidas. Todo lo que es la personalidad se ve afectada por el impacto del enamoramiento. Los enamorados se embelesan y quedan hipnotizados por quienes se enamoran. En algunos, la fase del enamoramiento toma rasgos de "locura".

La segunda fase es la pasión. Los enamorados desean ardientemente poseer para sí mismas a las personas objetos de su enamoramiento. Mientras más "enloquecidos" se tornen, más altas subirán las pasiones de "cupido". La fase de la pasión está impregnada de erotismo o de contenido sexual. La pasión desea satisfacer a "Eros" con una intensidad tal, que muchas personas "tiran por las ventanas" su racionalidad durante esta fase. Muchos embarazos indeseados se originan en el descontrol de la fase pasional del amor erótico o romántico. La curiosidad y el descontrol de la sexualidad son frecuentes en esta fase.

La tercera fase es el romance/intimidad. Esta fase del amor romántico es más sosegada, tranquila y serena. Durante esta fase los esposos pueden dedicar tiempo a conocerse bien. Las parejas se acercan e intiman, aprenden a comunicarse, a conocer sus gustos, preferencias, diferencias. Mientras las fases del enamoramiento y la pasión decrecen, la fase del romance/intimidad tiene que aumentar y crecer, si las parejas desean vivir un matrimonio duradero, estable y feliz. Dedicarle tiempo al romance/intimidad permite que las parejas aumenten la cualidad y la calidad de sus matrimonios.

La cuarta fase son los compromisos. No existen ni amor ni matrimonio que duren, si las parejas no asumen compromisos serios y maduros con la relación matrimonial. En la primera fase los enamorados "se prometen el cielo y la tierra"; en la segunda fase se olvidan de la tierra y solamente atinan a pensar "en el cielo de la pasión"; en la tercera fase empiezan a clarificar "los compromisos" a los que están dispuestos a llegar; en la cuarta fase los compromisos son los elementos predominantes del amor romántico. Solamente un amor romántico con grados de compromisos, permite que las parejas crean y mantengan matrimonios comprometidos mutuamente. Esta fase le imprime calidad al matrimonio, mientras su amor mutuo es acrisolado por el paso del tiempo.

Todo matrimonio debería prestarle atención a estas fases del amor romántico. El modelo de matrimonio de Dios empieza y termina con la cuarta fase. Ahora los psicólogos sabemos, que los niveles de compromisos que las parejas asumen, son factores decisivos que dirigen su rumbo. Con sólo evaluarlos, podemos predecir hacia dónde se dirigen sus matrimonios.

Ya Dios lo había establecido de esa manera. Si las parejas que se aman con amor romántico y que forman matrimonios desean que estos sean estables, duraderos y felices, tienen que asumir altos niveles de compromisos. La institución matrimonial es la segunda prioridad en sus vidas, después de la primera que es Dios. Ése es el orden que Él ha establecido para que los matrimonios y las familias funcionen de acuerdo a sus propósitos.

¿CÓMO SE FORTALECEN LOS LAZOS DEL ROMANTICISMO EN EL MATRIMONIO? ¿CÓMO PUEDEN LOS MATRIMONIOS CON DIEZ O MÁS AÑOS DE CASADOS, MANTENER LA "CHISPA" Y LA LLAMA DE LA PASIÓN Y EL ROMANTICISMO VIVAS Y "ENCENDIDAS"?

Esto es lo que dicen los científicos que estudian tanto el cerebro como el comportamiento de las parejas que mantienen sus matrimonios por muchos años. Este estudio fue recientemente publicado en la sección ciencia del periódico New York Times.

Las parejas en matrimonios duraderos y estables, y que mantienen altos niveles de romanticismo y de pasión en su relación matrimonial, tienen algunas prácticas bastante simples.

Primero, estas parejas reinventan sus citas amorosas o románticas; y segundo, estas parejas le inyectan novedad a su relación matrimonial. ¿Cómo logran inyectarle esta novedad?

Estas parejas visitan lugares diferentes. Hacen cosas diferentes para entretenerse, divertirse y pasar tiempo juntos.

Estas parejas se dicen cosas positivas diferentes. Establecen una comunicación cotidiana (verbal, gestual, etc.) jocosa, alegre, llena de humor sano. El humor y el optimismo están considerados como los ingredientes que contribuyen poderosamente a que los matrimonios se mantengan sanos, exitosos, estables y felices.

En otras palabras, estos matrimonios aprenden a ganarle la batalla a la "rutina y al aburrimiento". La rutina y el aburrimiento, junto a los síntomas agudos de depresión, se consideran dos enemigos mortales de los matrimonios.

Los científicos han descubierto los siguientes hechos:

1. Cuando hacemos cosas nuevas y tenemos experiencias nuevas, como cuando nos enamoramos, el cerebro activa sus propios sistemas de recompensas.

2. Este sistema de recompensas del cerebro se realiza por una sobreproducción de dos sustancias químicas llamadas: dopamina y noradrenalina.

3. Estas son las dos sustancias que inundan nuestros cerebros cuando nos enamoramos por primera vez de alguien.

4. Estas sustancias están altamente presentes cada vez que hacemos algo nuevo, novedoso, que rompe con la rutina. Así que, los matrimonios que desean mantener vivas la pasión y el romance, deben tener citas románticas o amorosas. Pero estas citas románticas tienen que romper con la rutina, con la costumbre, con lo usual. Las parejas tienen que ir a lugares diferentes y hacer cosas diferentes. No solamente salir en citas amorosas a los mismos lugares para hacer las mismas cosas. Por ejemplo, una cita romántica que NO ayuda a mantener el romanticismo es hacer lo siguiente: ir al mismo restaurante, sentarse en la misma mesa y las sillas de esa mesa, para que lo atienda el mismo mesero, y pedir la misma comida.

¿CÓMO PUEDE TU PAREJA ENCONTRARTE IRRESISTIBLEMENTE SABROSO(A)?

Estas son algunas recetas para que tu pareja te encuentre "sabrosa" y positivamente irresistible la mayor parte del tiempo. Estas recetas están basadas en las cinco primeras expectativas que las esposas tienen de sus esposos, y que los esposos tienen de sus esposas.

Lo que los esposos tienen que hacer a sus esposas, para que ellas los encuentren sabrosos e irresistibles

1. Provéele a tu esposa un ambiente de afectos, con el que clara y constantemente tú expreses que la AMAS. Dile que la AMAS por lo menos una vez al día. ¿Ya se lo dijiste hoy? Si no lo has hecho, suelta la lectura y díselo.

2. Toma tiempo cada día para hablar/conversar con tu esposa, y préstale total y completa atención durante ese tiempo, aunque NO te interese el tema sobre el que ella esté hablando. Ese tiempo diario puede ser al menos cinco minutos. ¿Ya lo hiciste hoy? Si no lo has hecho, suelta la lectura y hazlo.

3. Sé completamente honesto y sincero con tu esposa. No inventes mentiras, porque te perseguirán luego. Di las cosas tal y como sucedieron, y recibes tus consecuencias de inmediato. Las consecuencias de las mentiras son más dolorosas.

4. Provéele a tu esposa para sus necesidades financieras básicas. Un matrimonio sano se nutre de la economía y las finanzas, entre otras cosas.

5. Comprométete totalmente al desarrollo y a la educación de los hijos que tienes con tu esposa. Sé un padre de familia, de lo contrario, te transformarás en un esposo "insolvente" a la vista de tu esposa.

Lo que las esposas tienen que hacer a sus esposos para que ellos las encuentren sabrosas e irresistibles

1. Aprende a unirte a tu esposo en una relación sexual que sea satisfactoria y disfrutable para ambos. Complace las necesidades sexuales de tu esposo. Y si él no complace las tuyas, señálaselas y enséñale cómo hacerlo. La mayoría de los hombres no entienden cómo funciona la sexualidad femenina. Enseña a tu esposo cómo funciona la tuya.

2. Transfórmate en la compañera favorita de tu esposo, en las cosas que él hace para recrearse. Acompáñalo a veces, aunque éstas no sean enteramente de tu agrado. Participa de sus momentos de recreación. Esa práctica fortalece la amistad entre los esposos. Y la amistad entre esposos es un poderoso antídoto contra el divorcio.

3. Mantente físicamente atractiva para tu esposo. Que tu hombre se sienta orgulloso de ti para él mismo y para

sus amigos. Los hombres son visuales en términos de amor y romanticismo.

4. Maneja los quehaceres de tu casa con responsabilidad. Que el hogar sea el castillo y el palacio preferido de tu esposo. Cuando los hombres llegan a su casa, desean sentirse seguros, acogidos y libres de estrés.

5. Entiende y aprecia a tu esposo más que a cualquier otra persona. Que tu esposo NO tenga ninguna duda de que es amado por ti. Todo ser humano tiene dentro, un adulto, un padre y un niño. El niño de tu esposo solamente puedes satisfacerlo tú, como la esposa que él eligió para sentirse vulnerable.

El jardín del amor
(Citado por Ruth K. Westheimer)

Su amor es como un jardín y a no ser que lo atiendan,
nunca cosecharán todas las recompensas
que el amor puede proporcionar.

El suelo necesita que lo labren
con bondad, porque si está demasiado duro,
las semillas del amor no germinarán.

Las semillas tienen que ser plantadas con cuidado,
si desean que penetren al corazón de su amor.

El amor necesita que lo rieguen
con palabras amables y cumplidas.

El amor debe deleitarse bajo el cálido sol
de su amor no dividido.

La mala hierba de la mezquindad
y las mentiras deben arrancarse
del campo del amor.

Los frutos del amor necesitan tiempo para crecer
y no pueden cortarse y recogerse
hasta que estén maduros.

Si no ponen el esfuerzo requerido en su jardín de amor,
pueden estar seguros que la maleza lo invadirá
y su jardín rendirá poco en la forma del amor.

Sin embargo, si trabajan en su jardín,
encontrarán una gran cosecha de amor
en espera de que lo recolecten cada día.

Principios que ayudarán a cultivar el jardín del amor en tu matrimonio

El matrimonio es UN PACTO, no un contrato social. Un pacto no se rompe, ni sirve para satisfacer las necesidades individuales, sino las necesidades de tu pareja.

"Por tanto, dejará el hombre a su padre y a su madre, y se unirá a su mujer, y los dos serán UNA SOLA CARNE" (Gen. 2:24). Los que saben hebreo dicen que la palabra "sola", que se usa aquí, es la misma que se utiliza en Deuteronomio 6:4, para indicar que nuestro Dios "uno es". Como el Padre, el Hijo y Espíritu Santo son Uno, así los esposos son Uno. NO hay forma de disolverlos y separarlos.

El matrimonio es un EQUIPO ganador de dos. "Esta es ahora, carne de mi carne y huesos de mis huesos" (Gen. 2:23).

El matrimonio es un CUERPO que tiene una cabeza con tronco y extremidades. Es decir, hay liderazgo sano en un matrimonio exitoso, estable y feliz. "Porque el marido es la cabeza de la mujer, así como Cristo es la cabeza de la Iglesia, y Él es su Salvador" (Efesios 5:23). Los esposos tienen que amar a sus esposas como aman "a sus propios cuerpos. El que ama a su esposa, a sí mismo se ama". En la medida que los esposos aman sus propios cuerpos, así mismo ellos se aman entre sí. "Nadie aborreció jamás a su propio cuerpo, sino que lo ama y lo sustenta" (Efesios 5: 21-33).

El Cantar de los Cantares nos invita a cultivar el jardín del amor (citas pertenecientes al libro escrito por Salomón)

"¡Oh, si él me besara con besos de su boca! Porque mejores son tus amores que el vino"... Tu nombre es como ungüento derramado" (1:2,3).

¿Se atreven a darse un beso en LA BOCA ahora mismo? Dígale a su esposo: "Tu hueles BUENO, mi amor".

Si no lo sabes, Oh hermosa entre las mujeres... hermosas son tus mejillas entre los pendientes, tu cuello entre los collares (1:8,10).

Dígale a su esposa: "Tú eres hermosa, esposa MÍA. Me gustan tus mejillas y tu cuello". Dele un BESO lleno de AMOR a su esposa.

He aquí que tú eres hermosa...he aquí que tú eres BELLA; tus ojos son como palomas (1:15).

Admire a su esposa y dígale cosas BONITAS. Dígale qué linda luce su sonrisa, peinado, qué bien huele.

¿Se atreve a decirle: "Amada, agradezco a Dios que te escogiera para mí"?

He aquí que tú eres hermoso, amado mío, y dulce; nuestro lecho es de flores... las vigas de nuestra casa son de cedro... (1:16,17).

Su esposo fue y sigue siendo hermoso. Dígale a su esposo: "Eres hermoso, y todavía me gustas en la intimidad".

Yo soy la Rosa de Sarón, y el lirio de los valles (2:1).

Esto es una esposa con una autoestima o autoimagen saludable. Eres una mujer hecha a la imagen y semejanza de Dios, y con un matrimonio y una familia saludables.

Como el lirio entre los espinos, así es mi amiga (esposa) entre las doncellas (2:2).

Los esposos que REALMENTE aman a sus esposas, las APOYAN para que tengan autoestimas positivas y sanas.

Como el manzano entre los árboles silvestres, así es mi amado entre los jóvenes (hombres)...Y su fruto fue dulce a mi paladar... Su izquierda esté debajo de mi cabeza, y su derecha me abrace. Porque he aquí ha pasado el invierno, se ha mudado, la lluvia se fue; se han mostrado las flores de la tierra, el tiempo de la canción ha venido (2:3,6,11,12).

CONVERSATORIO - CAPÍTULO 1

(1) ¿Por qué a las personas en la primera etapa del amor, el enamoramiento (las otras tres etapas del amor son: la pasión, el romance/intimidad y el compromiso) les resulta fácil cultivar el jardín de su amor?

_____
_____
_____

(2) Ya dentro del matrimonio, la esposa y el esposo están participando activamente en todas las etapas del amor: el enamoramiento, la pasión, el romance/intimidad y el compromiso. ¿Crees que cultivar el jardín de tu amor contribuye a que el romance se mantenga vivo en tu matrimonio? Si_____No_____

(3) Explica brevemente la respuesta que diste a la pregunta #2.

_____
_____
_____

(4) ¿Cuándo fue la última vez que ustedes cultivaron el jardín de su amor? Fecha_____

(5) ¿Qué hicieron específicamente para cultivar el jardín de su amor? Esto fue lo que hicimos: _____
_____
_____

(6) ¿Qué planean hacer en el próximo mes para seguir cultivando el jardín de su amor?
_____
_____
_____

Capítulo 2
Cuando las parejas hablan cosas positivas sus matrimonios mejoran

Las parejas que se dicen diariamente por lo menos una cosa positiva están edificando y sembrando un matrimonio sólido, estable, saludable y feliz. ¿Le dijiste un "piropo" tierno a tu pareja hoy?

Un grupo de matrimonios con problemas no resueltos se dividió en dos mitades. Una mitad hablaría sólo de las cosas positivas que pasaban en la relación. La otra mitad hablaría sólo de las cosas negativas que sucedían en la relación. Los resultados fueron sorprendentes.

¡Los matrimonios que conversaron sobre el lado positivo de su relación, mejoraron sus problemas matrimoniales en un 15 por ciento! Los matrimonios que conversaron sobre el lado negativo de la relación, empeoraron en un 48 por ciento. Una diferencia muy significativa.

Cuando una pareja lleva ya mucho tiempo pasando por crisis matrimoniales, acumulando conflictos no resueltos, tratando de resolver situaciones incómodas de las mismas maneras, obteniendo resultados indeseados, le resulta difícil conversar sobre el lado positivo de su relación. Ya está establecido: éste es el camino más corto a la solución de conflictos matrimoniales. La pareja tiene que buscar aspectos positivos de su relación, y empezar a hablar sobre ellos, a dialogarlos, verbalizarlos, porque al hacerlo, están sanando y enriqueciendo el matrimonio.

Los problemas matrimoniales mejoran por lo menos en un 15 por ciento cuando las parejas se enfocan a conversar sobre las cosas positivas que poseen. Y esto es así, aun cuando las parejas hablen sobre cosas que practicaban antes, como los detalles de sus citas amorosas, qué hicieron para conquistarse mutuamente, situaciones jocosas, las primeras veces que tuvieron sexo, etc. ¡Esas conversaciones reviven los lados positivos de la relación, activan neuronas cerebrales que conservan sus experiencias amorosas positivas, despiertan los elementos dormidos de su amor!

¿Cómo pueden las parejas asegurarse que conversarán sobre cosas positivas que han existido o que aún existen en su matrimonio? La mejor manera de asegurarse es preparando la ocasión, no dejar que ocurran al azar. Las parejas espiritual y emocionalmente inteligentes, están pendientes de sus "mapas de amor". Y la manera más efectiva de hacerlo es practicando citas románticas o amorosas. Aquí van algunas reglas para las citas románticas de las parejas.

1. Durante las citas románticas, las parejas deben estar solas, sin los hijos o amigos o familiares. Este tiempo es para ellos dos, para invertirlo en su matrimonio.

2. No pueden hablar de cosas negativas, creadoras de ansiedad, estrés o emociones negativas. Estos momentos

juntos son para crear sentimientos positivos en el matrimonio...

3. Lo que hagan debe ser disfrutado por ambos. Muchas veces hay que ceder y hacer acuerdos, compartir mutuamente con cosas preferidas y no tan preferidas.

4. Las citas románticas no tienen que ser costosas: ver una puesta de sol, una luna llena, caminar en el parque, regalarse una flor silvestre, sentarse junto al mar o el río o debajo del bosque por un rato, etc.

La idea sanadora es ésta: que la pareja reviva y hable sobre las cosas positivas que han tenido y aún hay en su matrimonio. Esa práctica se reporta como altamente beneficiosa para los matrimonios exitosos y felices. Dios ha provisto esta idea sanadora para su modelo de matrimonio. ¡Los esposos y las esposas sabias las practican dentro de sus matrimonios, para hacer de ellos jardines florecidos, que expelen las fragancias del éxito, la estabilidad y la felicidad matrimoniales!

CONVERSATORIO – CAPÍTULO 2

(1) ¿Por qué a las personas en la primera etapa del amor, el enamoramiento (las otras tres etapas del amor son: la pasión, el romance/intimidad y el compromiso) les resulta fácil hablar sobre cosas positivas de la relación?

_____
_____
_____

(2) Ya dentro del matrimonio, la esposa y el esposo están participando activamente en todas las etapas del amor: el enamoramiento, la pasión, el romance/intimidad y el compromiso. ¿Crees que tener citas románticas o amorosas es una buena práctica que ayuda a las parejas a tener conversaciones sobre cosas positivas dentro del matrimonio?
Si_____ No_____

(3) Explica brevemente la respuesta que diste a la pregunta # 2.

_____
_____
_____

(4) ¿Cuándo fue la última vez que tuvieron una cita romántica?
Fecha_____

(5) ¿En qué fecha piensan tener la próxima? Fecha_____

(6) ¿En qué lugar tendrán su próxima cita amorosa?
Lugar: _____

Capítulo 3
Las parejas que resuelven sus conflictos amigablemente son más estables y felices

Si aprendes a resolver los conflictos normales y naturales con tu pareja de manera amigable, tu matrimonio será más estable, exitoso, saludable y feliz.

La idea de que los matrimonios estables y felices no tienen conflictos que resolver es absolutamente errónea. El modelo de Dios para el matrimonio es para que se realice entre un hombre y una mujer, no ente dos ángeles. Todos los seres humanos venimos al mundo con "defectos de fábrica". Todos los seres humanos tenemos "limitaciones", algunas de ellas serias. El escenario por excelencia para que estas limitaciones, o "defectos de fábrica" que todos tenemos, se manifiesten, es dentro del matrimonio.

Las parejas que usan las mismas estrategias que han resultado efectivas para resolver sus conflictos matrimoniales tienen un 12 por ciento menos de problemas, y un 31 por ciento más de posibilidad de vivir un matrimonio saludable. Es decir, estos matrimonios exitosos y felices aprenden a nadar y a navegar con sus conflictos matrimoniales. Y en lugar de dejarse abrumar por ellos, estos matrimonios exitosos y felices salen de sus conflictos más fortalecidos.

Los matrimonios que aprenden a vivir sus matrimonios de esta manera, tienen menos conflictos matrimoniales mientras pasan los años. Además, el pasar de los años hace que estos matrimonios sean más saludables, estables y felices. Mientras más aniversarios de boda celebran estos matrimonios, sus niveles de felicidad, estabilidad y éxito matrimoniales aumentan. No sencillamente porque los años pasan y ellos continúan casados, lo que es bueno, sino porque estos matrimonios se benefician y aprenden de sus conflictos matrimoniales naturales y normales.

Estos son los matrimonios que deben estar en el "Salón de la Fama Matrimonial", en las reuniones matrimoniales de las Iglesias. No solamente porque tienen muchos años de casados, sino porque han aprendido cosas útiles que otros matrimonios menos estables y felices deberían aprender. Estos matrimonios han aprendido cómo aumentar su estabilidad, éxito y felicidad matrimonial mientras los años pasan sobre ellos.

El modelo de Dios para los matrimonios no es que NO tengan conflictos, sino que las parejas en matrimonios aprendan a resolver sus conflictos amigablemente. Dios ha planeado que el amor, la confianza y el respeto de las parejas crezcan, mientras manejan los conflictos cotidianos de la vida de matrimonio. El matrimonio es el escenario número uno donde el amor de Dios se manifiesta. ¡Los matrimonios estables y felices demuestran el amor de Dios aun manejando sus conflictos cotidianos!

CONVERSATORIO – CAPITULO 3

(1) ¿Por qué a las personas en la primera etapa del amor, el enamoramiento (las otras tres etapas del amor son: la pasión, el romance/intimidad y el compromiso) les resulta fácil resolver sus conflictos amigablemente?

_____
_____
_____

(2) Ya dentro del matrimonio, la esposa y el esposo están participando activamente en todas las etapas del amor: el enamoramiento, la pasión, el romance/intimidad y el compromiso. ¿Crees que resolver los conflictos normales y naturales de la relación resulta más complicado?
Si_____No_____

(3) Explica brevemente la respuesta que diste a la pregunta # 2.

_____
_____
_____

(4) ¿Cuándo fue la última vez que tuvieron un conflicto? Fecha_____

(5) ¿Qué hicieron para resolverlo satisfactoriamente para ambos?

_____
_____
_____

(6) ¿Cuáles situaciones/circunstancias/conductas provocan la mayor cantidad de conflictos entre ustedes?
_____
_____
_____

Capítulo 4

La amistad entre los esposos es el factor $N^o 1$ para tener un matrimonio exitoso y feliz

Si aprendes a practicar algunos elementos de la amistad con tu pareja (el respeto, la confianza, la mutua satisfacción de necesidades, comunicación honesta y franca) tu matrimonio será estable, exitoso, saludable y feliz.

Hay algunos mitos acerca de qué hace que un matrimonio sea exitoso y feliz. Entre esos mitos, sobre los cuales se sobre enfatiza el matrimonio, se encuentran los siguientes:

1. Un matrimonio es feliz y exitoso si tiene buena comunicación.

2. Si disfruta de una excelente vida sexual.

3. Si tiene semejantes preferencias e intereses.

4. Si los esposos satisfacen sus necesidades mutuas.

5. Y si la pareja disfruta de una buena salud mental.

No le estamos quitando la importancia que estos cinco elementos tienen, y cómo contribuyen definitivamente a un matrimonio feliz y exitoso. ¡Seguro que son parte de un matrimonio exitoso y feliz!

Pero los estudios hechos y seguidos a matrimonios, dicen que el elemento de mayor importancia e influencia para que un matrimonio sea exitoso y feliz, es que los esposos sean buenos amigos. Es decir, que los esposos, además de marido y mujer, creen y cultiven una amistad profunda, duradera y significativa para los dos, el esposo y la esposa.

Un matrimonio que crea y cultiva una buena amistad se comunica bien, tiene buena vida sexual, tiene muchos intereses y preferencias en común, satisface sus necesidades mutuamente, y ambos cónyuges gozan de adecuada salud mental. Pero son los elementos de la amistad los que contribuyen más a la felicidad y estabilidad del matrimonio. En una amistad profunda los esposos se conocen bien, confían el uno en el otro sin reservas, se aprecian y disfrutan mutuamente, se respetan, se apoyan y se permiten ser personas con identidades propias.

Con los años, las parejas en matrimonio descubren que tienen muchas diferencias, que ambos tienen "defectos de fábrica" y que necesitan soportarse mutuamente. Asimismo, se dan cuenta que existen necesidades individuales que el cónyuge no puede satisfacer, que la comunicación se torna "rocosa", y que aun la vida sexual se hace "insípida" por momentos y en etapas. Pero si los esposos son amigos, además de marido y mujer, todas estas dificultades se sobrepasan sanamente.

Un matrimonio que aprende a ser amigo e invierte en los elementos que componen una amistad profunda y genuina, está garantizando longevidad y éxito a su vida matrimonial. Esposos y esposas, sobre todas las demás cosas, procuren ser amigos.

¡La amistad de los esposos es un elemento que Dios le puso a su modelo de matrimonio! Los esposos que son amigos, están practicando el modelo de matrimonio de Dios.

CONVERSATORIO – CAPÍTULO 4

1. ¿Por qué a las personas en la primera etapa del amor, el enamoramiento (las otras tres etapas del amor son: la pasión, el romance/intimidad y el compromiso) les resulta fácil comportarse como amigos?

_____
_____
_____

(2) Ya dentro del matrimonio, la esposa y el esposo están participando activamente en todas las etapas del amor: el enamoramiento, la pasión, el romance/intimidad y el compromiso. ¿Crees que comportarse como amigos resulta más complicado? Si_____ No_____

(3) Explica brevemente la respuesta que diste a la pregunta # 2.

_____
_____
_____

(4) ¿Cuándo fue la última vez que ustedes se comportaron como amigos? Fecha: _____

(5) ¿Qué hicieron específicamente para mostrarse que son amigos además de marido y mujer?

_____
_____
_____

(6) ¿En cuáles situaciones/circunstancias/conductas les resulta a ustedes más fácil mostrarse amigo uno del otro?

Capítulo 5
La vida es corta...
Tu matrimonio no tiene por qué serlo

Prepárate para estar casado (a) con tu pareja por cincuenta o sesenta años. De la misma manera que tu vida sobre esta tierra será larga y fructífera, tu matrimonio será largo y fructífero.

La mayoría de los seres humanos cree que la vida sobre la tierra es corta. A los humanos que nos ha tocado vivir al final del siglo XX y el principio del XX1, los años de vida se nos han extendido. Algunos países han alcanzado un promedio de vida para los humanos jamás pensado desde la modernidad.

Pero, todavía, la vida sigue siendo corta. Y por el miedo profundo que tenemos a la muerte, muy pocos seres humanos nos preparamos para morir. Este es un tema que evadimos hasta el final. Y no conversamos sobre él ni siquiera en familia. Deberíamos romper con este miedo y enfrentarnos a la realidad de que la vida es corta. Nuestras muertes físicas son seguras. Junto a la idea de que la vida es corta, anidamos otra idea negativa y de resultados desastrosos para el disfrute pleno de nuestra existencia sobre la tierra.

La otra idea es la siguiente. Nos casamos con la persona que elegimos, generalmente llenos de amor, pero en lo profundo de nuestro ser, creemos, pensamos y actuamos, como si nuestros matrimonios serán de corta duración. Es como una profecía que se auto-cumple. Las parejas que los demás consideran "perfectas", que celebran bodas esplendorosas, en sus adentros conservan la incertidumbre de que "el matrimonio no durará mucho".

Los altos índices de fracasos matrimoniales, en muchos casos uno de cada dos, nos han convencido de que el "matrimonio es temporal". Vamos al matrimonio para "probar suerte". Y como lo que la realidad alrededor de nosotros nos indica es que una alta cantidad de matrimonios "no salen con premios", en nuestros adentros creemos que nuestros matrimonios se dirigen "al fracaso".

Todos los fracasos matrimoniales son dolorosos. Dejan legados de sufrimientos, raíces de amargura, y particularmente, cuando se destruye una familia nuclear creada, sus efectos negativos se trasladan a otras generaciones.

Pero esta idea que se transforma en auto-profecía cumplida para millones de matrimonios, no tiene porque seguirse perpetuando. Aunque la vida sea corta, nuestros matrimonios no tienen por qué serlo. Si hemos venido de una familia nuclear donde sea una "rareza tener y conservar matrimonios", nosotros podemos levantarnos y pararnos firmes sobre nuestros matrimonios. Y si lo decidimos, podemos romper y detener el ciclo y círculo de fracasos matrimoniales que han prevalecido en nuestras familias.

Nosotros tenemos las capacidades y las habilidades dadas por Dios para tomar las decisiones y las acciones necesarias para hacer de nuestros matrimonios un jardín. Un jardín duradero y disfrutable. El modelo de Dios para nuestros matrimonios tiene esos propósitos.

CONVERSATORIO – CAPÍTULO 5

(1) ¿Por qué a las personas en la primera etapa del amor, el enamoramiento (las otras tres etapas del amor son: la pasión, el romance/intimidad y el compromiso) les resulta fácil creer que sus matrimonios durarán para siempre?

_____
_____
_____

(2) Ya dentro del matrimonio, la esposa y el esposo están participando activamente en todas las etapas del amor: el enamoramiento, la pasión, el romance/intimidad y el compromiso. ¿Siguen el esposo y la esposa creyendo que su matrimonio no terminará nunca? Si_____No_____

(3) Explica brevemente la respuesta que diste a la pregunta # 2.

_____
_____
_____

(4) ¿Ustedes o uno de los dos ha pensado en separarse o divorciarse? Si_____No_____

(5) ¿Qué han hecho específicamente para cambiar de opinión y mantener su matrimonio?

_____
_____
_____

(6) ¿En cuáles situaciones / circunstancias / conductas les resulta a ustedes más fácil pensar y/o hablar de separación o divorcio?
_____
_____
_____

Capítulo 6
Casarse y crear una familia nuclear son decisiones muy importantes

Cuando te casas y formas una familia nuclear, estás tomando una de las decisiones más importantes de tu vida. Ésta es una de las decisiones más sabias que debes tomar.

Hasta que nos casamos, los seres humanos vivimos para nosotros mismos. Salimos, entramos, hacemos o dejamos de hacer, gastamos nuestro dinero en nosotros mismos, tomamos decisiones sin consultar a nadie, vivimos en nuestros mundos individuales, la vida gira alrededor de nosotros y nadie más.

El matrimonio nos permite entrar a otros mundos. Unimos nuestras mentes, emociones, conductas a otra persona. Al casarnos, nuestros cuerpos se unen a la pareja que elegimos. Y ahora compartimos nuestra sexualidad con otro ser.

Pero también compartimos con la pareja matrimonial nuestros lenguajes y todas nuestras formas de comunicación, nuestras esperanzas, expectativas en la vida, nuestras finanzas (ganar, ahorrar, invertir y gastar dinero), cómo y dónde ejercemos nuestras profesiones, quiénes son nuestros amigos, a dónde vivimos, cuáles pasatiempos practicamos, etc.

Al casarnos, nos transformamos en otros seres, porque el matrimonio con otro ser humano nos une indeleblemente a ese ser humano . Por lo tanto, el matrimonio es una decisión muy importante que requiere de nosotros madurez y lucidez espiritual, mental, emocional y psíquica.

Estar en matrimonio es un asunto para personas adultas. Estamos preparados para casarnos, cuando ya nos conocemos bien a nosotros mismos, sabemos quiénes somos, qué queremos de nuestras vidas y de los demás, hacia dónde nos dirigimos, qué esperamos de una relación matrimonial de amor con otro ser humano, cómo y con quién queremos tener sexo; conocemos bien nuestras maneras de pensar, nuestras emociones y sentimientos, nuestras conductas, hábitos, caprichos, interioridades mas íntimas, fortalezas y debilidades, capacidades para dar y recibir, y sobre todo, habilidades para relacionarnos positivamente con otro ser humano.

El matrimonio no es para adolescentes. Los adolescentes están todavía en proceso de fortalecer sus propias identidades. Los cuerpos, las mentes, las emociones de los adolescentes están creciendo y madurando. Por lo tanto, se encuentran en una etapa cambiante de la vida. Las creencias de los adolescentes no están establecidas y firmes. Las motivaciones y procesos decisivos de los adolescentes son inestables, pasajeros, fugaces.

Los adolescentes no pueden amar para el matrimonio, porque no están capacitados para tomar esta decisión. Y amar a alguien con un propósito matrimonial es una decisión. Los adolescentes solamente tienen uno de los elementos del amor despierto : la pasión. Pero la pasión es el elemento del amor más pasajero y fugaz. Un matrimonio basado en la pasión se dirige al fracaso, porque le faltan los otros tres ingredientes: el enamoramiento, el romance/intimidad y el compromiso. La pasión por sí sola, sin estos otros elementos del amor, no puede sostener y mantener un matrimonio.

El matrimonio invita a la creación de una familia nuclear. Por lo tanto, al tomar estas dos decisiones, la del matrimonio y la de crear una familia nuclear, estamos empezando un viaje sin retorno. El modelo de Dios para el matrimonio y la familia implica esa realidad. El matrimonio y la paternidad/maternidad nos asignan papeles que jamás podremos dejar o abandonar. Aun los divorciados están diciendo que estuvieron casados con alguien. ¿Y cómo abandonar el papel de ser madre/padre?

El casarnos y llegar a ser padres/madres, nos da el privilegio de ser cocreadores con Dios. ¡Dios perpetúa su creación por medio de nuestros matrimonios y de nuestras familias!

CONVERSATORIO – CAPÍTULO 6

(1) ¿Por qué a las personas en la primera etapa del amor, el enamoramiento (las otras tres etapas del amor son: la pasión, el romance/intimidad y el compromiso) les resulta fácil tomar la decisión del matrimonio y casarse?
_____
_____
_____

(2) Ya dentro del matrimonio, la esposa y el esposo están participando activamente en todas las etapas del amor: el enamoramiento, la pasión, el romance/intimidad y el compromiso. ¿Siguen creyendo el esposo y la esposa que el matrimonio es una decisión para toda la vida?
Si_____No_____

(3) Explica brevemente la respuesta que diste a la pregunta # 2.
_____
_____
_____

(4) ¿El matrimonio de ustedes fue un hecho de sus vidas muy bien planeado por los dos? Si_____No_____
_____
_____
_____

(5) ¿Qué han hecho específicamente hasta ahora para enriquecer su vida de matrimonio?
_____
_____
_____

(6) ¿En cuáles situaciones/circunstancias/conductas les resulta a ustedes más fácil asumir los papeles y compromisos de la vida matrimonial?
_____
_____
_____

Capítulo 7
Seres humanos imperfectos sí pueden crear matrimonios exitosos

Eres un ser humano imperfecto, con "defectos de fábrica" y con limitaciones. Pero aún así, puedes crear y tener un matrimonio estable, exitoso, saludable y feliz.
Dios desea darte ese regalo de amor.

Todos los seres humanos tenemos "defectos de fábrica". Es decir, todos tenemos defectos, debilidades, deficiencias, y la mejor palabra sería: limitaciones. Algunas de nuestras limitaciones se originan en los niveles de nuestros coeficientes intelectuales o emocionales; otras en nuestros caracteres y personalidades, algunas más en los patrones educativos y culturales donde crecimos; y otras están enraizadas en hábitos poderosos aprendidos mientras crecíamos.

La segunda verdad incuestionable es la siguiente. Todos los seres humanos traemos estos "defectos de fábrica" a todas nuestras relaciones, y muy especialmente, a nuestros matrimonios. Cuando elegimos una pareja y nos casamos, las dos personas involucradas en el matrimonio, el hombre y la mujer, trasladamos todas nuestras limitaciones. Algunas de esas limitaciones que mudamos a nuestros matrimonios son serias, y de inmediato ponen en riesgo nuestros matrimonios; otras no son tan serias, y pueden convivir armoniosamente con nuestros matrimonios.

Aquí va la tercera verdad que es poderosa. Aunque los seres humanos que vamos al matrimonio somos imperfectos (los ángeles no tienen autoridad para casarse), sí podemos crear y mantener matrimonios exitosos. En el modelo de Dios para el matrimonio, Dios no exige la perfección de los esposos. Dios no puede exigirle lo imposible a los seres humanos, y Dios sabe que somos imperfectos. Y que, además, todos traemos esas imperfecciones a nuestros matrimonios.

Pero los esposos sí estamos llamados a sacarle ventajas a nuestras limitaciones e imperfecciones dentro de nuestros matrimonios. La idea de que tengamos matrimonios "perfectos", rodeados de una aureola irreal de inmaculada e imperturbada felicidad donde no existen desacuerdos y conflictos, no cabe en el modelo de matrimonio de Dios.

El modelo de matrimonio de Dios implica a dos seres humanos imperfectos, con limitaciones y debilidades, que por amor deciden unirse y crear un matrimonio exitoso. La primera cualidad y característica de que mi matrimonio es exitoso, se muestra en las maneras positivas en que mi esposa y yo manejamos nuestras limitaciones. Por lo general, las limitaciones de mi esposa y las mías son diferentes. A veces estas limitaciones son idénticas, lo que nos crea un reto mayor.

En el modelo de matrimonio de Dios, sí podemos vivir matrimonios exitosos. Los esposos, los dos juntos, tenemos que querer tener una matrimonio exitoso; luego, decidir tenerlo, planificarlo, y finalmente, actuar como un matrimonio exitoso.

Los matrimonios exitosos NO nacen con las bodas, ni en el hecho de "amarse con todo el corazón". Nosotros tenemos que crearlos y mantenerlos, prestándole atención especial a todas las limitaciones que ambos traemos a nuestros matrimonios. ¡Las maneras como tratemos estas limitaciones nos ayudaran a crear un matrimonio exitoso o uno fracasado! Algunas maneras positivas en que podemos manejar nuestras limitaciones en el matrimonio, y así crear matrimonios exitosos, las mostramos a nuestras parejas cuando las tratamos con cariño, compasión, ternura, respeto, admiración, amor.

Los matrimonios exitosos endulzan y suavizan sus limitaciones mutuas. Mi esposa es el espejo más claro que Dios me ha dado para aprender de mis limitaciones. Ella es la maestra por excelencia provista por Dios para mí. Los matrimonios exitosos transforman sus limitaciones en fortalezas, sus fracasos en éxitos.

CONVERSATORIO – CAPÍTULO 7

(1) ¿Por qué a las personas en la primera etapa del amor, el enamoramiento (las otras tres etapas del amor son: la pasión, el romance/intimidad y el compromiso) les resulta fácil ocultarse los "defectos de fábrica" o limitaciones que poseen?

_____
_____
_____

(2) Ya dentro del matrimonio, la esposa y el esposo están participando activamente en todas las etapas del amor: el enamoramiento, la pasión, el romance/intimidad y el compromiso. ¿Le resulta difícil al esposo y a la esposa manejar adecuadamente las limitaciones de cada uno?
Si_____ No_____

(3) Explica brevemente la respuesta que diste a la pregunta # 2.

_____
_____
_____

(4) ¿Creen ustedes que cada uno trajo al matrimonio "defectos de fábrica" o limitaciones? Si_____ No_____

(5) ¿Qué han hecho específicamente hasta ahora para que estos "defectos de fábrica" no dañen su matrimonio?

_____
_____
_____

(6)¿En cuáles situaciones/circunstancias/conductas les resulta a ustedes mas fácil balancear los "defectos de fábrica" dentro de la vida matrimonial?

_____
_____
_____

Capítulo 8
Conoce el "mapa de amor" de tu pareja

Tanto tú como tu pareja tienen un mapa de amor. Dedica tiempo para conocer el mapa de amor de tu pareja, y permite que tu pareja conozca el tuyo. Esa inversión amorosa les dará grandes dividendos.

El modelo de Dios para el matrimonio incluye un mapa de amor. Este mapa de amor es una parte esencial en la personalidad y en la vida de cada miembro de la pareja matrimonial. La esposa posee su propio mapa de amor. El esposo tiene su propio mapa de amor. Por lo general, estos dos mapas de amor contienen la descripción de territorios amorosos diferentes.

¿En qué consiste el mapa de amor que Dios inscribió en nuestros corazones para que lo utilicemos con nuestra pareja en el matrimonio? Este mapa de amor incluye todos los "secretos sagrados" que guardamos en las fibras mas íntimas de lo que somos como seres humanos. Y es este mapa de amor el que usamos para amar a la persona que elegimos para casarnos.

En este mapa de amor están nuestros gustos y preferencias. No nos unimos en pareja y nos casamos con cualquier persona. Vamos al matrimonio con una persona única para nosotros, porque su mapa de amor se adecua al nuestro. Por supuesto que en este mapa de amor guardamos también nuestros disgustos, aversiones y rechazos.

Nuestro mapa de amor contiene nuestras intimidades más profundas, nuestros miedos y temores, dudas, deseos, aspiraciones, expectativas, sueños, metas, caprichos y terquedades; las fórmulas que utilizamos para tomar decisiones, etc. En nuestros mapas de amor escondemos nuestros éxitos y fracasos, nuestras fortalezas, puntos álgidos de la personalidad, nuestras zonas confortables, debilidades, "defectos de fábrica", limitaciones. El mapa de amor con que amamos a nuestra pareja contiene además, nuestras capacidades, habilidades, recursos, nuestros valores y sistemas de vida, nuestros propósitos vitales en la vida. El mapa de amor es la síntesis de la imagen y semejanza de Dios en nosotros.

Utilizamos este mapa de amor para amar y para desamar; para crecer y para menguar; para volar con Dios o para sumergirnos en las miserias humanas más degradantes. Nuestra tarea fundamental al formar pareja con alguien, es conocer su mapa de amor. Porque es con ese mapa de amor que nuestra pareja nos mostrará amor. Y al mismo tiempo, usaremos nuestro mapa de amor para amarla en retorno. Una de las obras maestras de Dios al crearnos, ha sido poner en nosotros un mapa de amor para amar y dejarnos amar. Todo el territorio de nuestro amor está en ese mapa. ¿Conoces bien el mapa de amor de tu pareja?

La próxima vez que tengan una cita romántica, les dejo esto de tarea. Tengan un diálogo sobre los elementos álgidos del mapa de amor de cada uno. Al final de la cita amorosa se sorprenderán de lo mucho que aprendieron el uno del otro. Cuando las parejas transitan sus matrimonios guiados por sus mapas de amor, aunque se pierdan por momentos, siempre regresan a donde tenían que encontrarse. Estas parejas no andan al azar, tienen un mapa que las guía a puertos seguros.

CONVERSATORIO – CAPÍTULO 8

(1) ¿Por qué a las personas en la primera etapa del amor, el enamoramiento (las otras tres etapas del amor son: la pasión, el romance/intimidad y el compromiso) les resulta fácil dar a conocer a sus parejas los "mapas de amor" que poseen?
_____
_____

(2) Ya dentro del matrimonio, la esposa y el esposo están participando activamente en todas las etapas del amor: el enamoramiento, la pasión, el romance/intimidad y el compromiso. ¿Le resulta fácil al esposo y a la esposa mostrarse mutua y honestamente su "mapa de amor"?
Si_____No_____

(3) Explica brevemente la respuesta que diste a la pregunta # 2.
_____
_____
_____

(4) ¿Creen ustedes que cada uno trajo al matrimonio "un mapa de amor"? Si_____No_____

(5) ¿Qué han hecho específicamente hasta ahora para que cada uno conozca bien el "mapa de amor" del otro?
_____
_____
_____

(6) ¿En cuáles situaciones/circunstancias/conductas les resulta a ustedes mas fácil mostrarse con honestidad sus "mapas de amor" dentro de la vida matrimonial?

_____
_____
_____

Capítulo 9
Las tres C's que sostienen un matrimonio exitoso

Si aprendes a ser compañero (a), a comunicarte efectivamente y a mantener un compromiso inquebrantable con tu pareja, tu matrimonio se destacará como un baluarte de la felicidad marital.

En el modelo de Dios para tener un matrimonio estable y exitoso, existen tres C's que son las iniciales de tres palabras cruciales en el idioma español. Si anhelamos y planeamos crear y vivir matrimonios estables y exitosos, es muy importante que le prestemos atención a estas tres palabras y a sus significados para nuestros matrimonios.

La primera C es por compañerismo o amistad. Está ya establecido por investigaciones hechas a miles de matrimonios, y seguidas por más de treinta años, que si las parejas vamos a crear y a mantener matrimonios estables y exitosos, tenemos que volvernos compañeros y amigos con los años. El elemento de compañerismo y amistad entre las parejas, se reporta como el más certero y seguro para asegurar y garantizar matrimonios felices.

La gran pregunta es, entonces, ¿cómo podemos desarrollar compañerismo y amistad con los años de matrimonios? ¿Cuáles son las conductas que tenemos que exhibir en nuestros matrimonios, para que este elemento de compañerismo y amistad prevalezca? ¿Cuáles maneras de ser como esposos y esposas facilitan el desarrollo del compañerismo al pasar de los años?

La segunda C es por comunicación, particularmente la comunicación positiva. Ya sabemos, que los matrimonios que le ponemos énfasis a los aspectos y elementos positivos de nuestras comunicaciones cotidianas, somos matrimonios más estables, satisfechos, felices y con éxito visibles a la hora de manejar efectivamente nuestros conflictos. Y que aun cuando dialogamos y discutimos áreas conflictivas de nuestros matrimonios, como el manejo de dinero y las finanzas, los quehaceres domésticos, la crianza de los hijos, la vida sexual, etc., si enfatizamos lo positivo de la relación, los conflictos se disuelven fácilmente.

Esta técnica de comunicación positiva implica que los matrimonios nos digamos cinco cosas positivas el uno al otro, por cada cosa negativa a cambio. Si mantenemos este promedio de cinco cosas positivas por cada una negativa, los éxitos de nuestros matrimonios están asegurados.

La tercera C es por compromiso. Nuestros matrimonios son "negocios" de dos, es decir, de los esposos y las esposas. Y las dos partes tenemos que estar comprometidas con el matrimonio. Si estamos comprometidos con el bienestar, la estabilidad, el éxito y la felicidad de nuestros matrimonios, no vamos a hacer cosas para dañarnos de manera consciente y deliberada. Debemos estar conscientes de que nuestros matrimonios somos nosotros mismos. "Los dos serán una sola carne" y "ella es ahora carne de mi carne y hueso de mis huesos". Nuestros compromisos con nuestros matrimonios nos transforman no solamente en una sola carne, sino también en "ayuda mutua" el uno para el otro. Si hacemos algo que nos hace daño, y ocurre muchas veces en matrimonios de seres humanos, nos perdonamos mutuamente. Para los matrimonios estables, exitosos y felices, el perdón mutuo es la otra cara de la moneda del amor.

Si practicamos estas tres C's: compañerismo, comunicación y compromiso de manera sistemática dentro de nuestros matrimonios, estaremos creando y desarrollando matrimonios felices, estables y exitosos. Y este es el modelo de Dios para nuestros matrimonios.

CONVERSATORIO – CAPÍTULO 9

(1) ¿Por qué a las personas en la primera etapa del amor, el enamoramiento (las otras tres etapas del amor son: la pasión, el romance/intimidad y el compromiso) les resulta fácil utilizar las tres C's?

_____
_____
_____

(2) ¿Ya dentro del matrimonio, la esposa y el esposo están participando activamente en todas las etapas del amor: el enamoramiento, la pasión, el romance/intimidad y el compromiso. ¿Le resulta fácil al esposo y a la esposa practicar mutua y honestamente las tres C's en la vida matrimonial? Si_____No_____

(3) Explica brevemente la respuesta que diste a la pregunta # 2.

_____
_____
_____

(4) ¿Practican ustedes las tres C's en su relación matrimonial? Si_____No_____

(5) ¿Qué han hecho específicamente hasta ahora para que las tres (3) C's sea una practica vital de su vida matrimonial?

_____
_____
_____

(6) ¿En cuáles situaciones/circunstancias/conductas les resulta a ustedes más fácil practicar las tres C's dentro de la vida matrimonial?

_____
_____
_____

Capítulo 10
Todo matrimonio es tentado por "serpientes"

Tu matrimonio será tentado por las serpientes del rencor, la lascivia, la ira descontrolada, la desconsideración, la hipocresía, el irrespeto y la falta de cariño y de ternura. Tú decides quien gana esta batalla del amor.

Tanto los matrimonios saludables como los NO tan saludables, los exitosos y felices, como los fracasados e infelices, los estables, como aquellos matrimonios que se mueven y "tambalean" frente a los más leves conflictos, son constantemente tentados por "serpientes" habladoras. Los matrimonios NO son pedazos de papeles firmados y guardados en lugares seguros. Los matrimonios los componen los seres humanos, los hombres y las mujeres que deciden casarse.

Y como le sucedió al matrimonio de Adán y Eva, el modelo de matrimonio originado en Dios, y del cual procedemos todos los otros matrimonios, estamos sujetos a tentaciones, muchas tentaciones de las "serpientes" que no les interesa que estos perduren, sean estables, exitosos y felices.

Los matrimonios, y las familias nucleares que nacen de ellos, somos la piedra angular del edificio maestro del Plan de Dios para la humanidad. Dios cumple sus buenos propósitos, planes y proyectos para la humanidad por medio de los matrimonios y de las familias que los matrimonios generan. Si nuestros matrimonios son saludables, estables, exitosos, los proyectos de Dios para la humanidad transitan "viento en popa" en sus barcos llenos de felicidad.

Pero existen muchas serpientes que se oponen a estos proyectos de Dios para la humanidad usando como instrumentos matrimonios y familias saludables y estables. Las serpientes de las mentiras que nos hacen creer que somos "dioses", simplemente porque hemos comido de los árboles de "la ciencia del bien y del mal". Estas serpientes susurran a todos los matrimonios palabras sutiles que contienen engaños, maledicencias, astucias destructivas. Estas serpientes de mentiras nos hacen creer que el buen sexo, y una buena vida sexual, son las bases y los fundamentos para que tengamos matrimonios estables y exitosos.

Cuando unos meses después los matrimonios descubrimos que eran mentiras, porque la pasión de Eros ha bajado de nivel, las serpientes crean otras mentiras.

Entonces las serpientes empiezan a decirnos que "el amor se acabó" y que, por lo tanto, debemos abandonar ese matrimonio de inmediato. Por supuesto, para buscarnos otros amores mas "frescos" y excitantes que nos despierte y avive la pasión de Eros. Y cuando físicamente empezamos a decaer por los años, las serpientes nos "susurran a los oídos" que nuestras parejas de toda la vida nos han "gastado" la vida. Y siguiendo estas mentiras, perseguimos "carnes nuevas y más jóvenes" para sentir que la vejez no la tenemos en los cuerpos, sino en las mentes.

Y obedeciendo y siguiendo estas mentiras de las serpientes, llegamos a la tercera y la cuarta edad solos, cargados de historias amorosas marchitas, pero sin parejas amigas dentro de matrimonios añejos por el tiempo. Si vamos a crear y mantener matrimonios saludables, estables, exitosos y felices, tenemos que empezar a desoír las voces de las serpientes. Ellas destruyeron el matrimonio de Adán y Eva, y siguen llevando a la tumba a millones de matrimonios cada día que pasa. Las serpientes no son amigas de nuestros matrimonios. Dios es el mejor y más seguro amigo de nuestros matrimonios y familias. Sus proyectos transitan en las manos de todos los matrimonios estables, exitosos y saludables.

CONVERSATORIO – CAPÍTULO 10

(1) ¿Por qué a las personas en la primera etapa del amor, el enamoramiento (las otras tres etapas del amor son: la pasión, el romance/intimidad y el compromiso) les resulta fácil vencer las tentaciones de las "serpientes"?
_____
_____
_____

(2) Ya dentro del matrimonio, la esposa y el esposo están participando activamente en todas las etapas del amor: el enamoramiento, la pasión, el romance/intimidad y el compromiso. ¿Le resulta fácil al esposo y a la esposa vencer las constantes tentaciones de las "serpientes" incitándoles a destruir su matrimonio? Si_____ No_____

(3) Explica brevemente la respuesta que diste a la pregunta # 2.
_____
_____
_____

(4) ¿Reciben ustedes tentaciones de las "serpientes" en su relación matrimonial?
Si_____ No_____

(5) ¿Qué han hecho específicamente hasta ahora para vencer las tentaciones de las "serpientes" que han estado dentro de su vida matrimonial?

(6) ¿En cuáles situaciones/circunstancias/conductas les resulta a ustedes más fácil vencer las tentaciones de las "serpientes" dentro de la vida matrimonial?

Capítulo 11
Los matrimonios y las familias saludables somos instrumentos de Dios

Tu matrimonio y tu familia son los instrumentos humanos más poderosos que Dios utiliza para cumplir sus propósitos para esta humanidad. Asegúrate que los proyectos de Dios se cumplan contigo.

Los matrimonios y las familias somos instrumentos de Dios para que sus proyectos se realicen en esta tierra. Esa es una tarea muy importante asignada por Dios a una de sus creaciones. Pero no solamente eso, sino que también los matrimonios y las familias damos continuidad a los actos creativos de Dios. La vida humana creada por Dios, sigue sus cursos vigentes en los actos creativos de nuestros matrimonios y familias.

Los matrimonios y las familias saludables somos instrumentos de Dios sobre esta tierra. Esta es una de las razones por la que los matrimonios y las familias tenemos tantos enemigos. Nosotros somos el punto crítico y álgido de ataque, porque cuando los matrimonios y las familias son destruidos, los proyectos de Dios para la humanidad "parecen" estar en peligro.

Nosotros sabemos que es solamente una apariencia, porque los proyectos de Dios no están sujetos a las nimiedades e inestabilidades de nosotros los humanos. Los proyectos de Dios para la humanidad son inmutables. Pero desde el Génesis hasta el Apocalipsis, Dios se ha complacido en utilizar los matrimonios y las familias humanas para completar sus proyectos con la humanidad.

El Creador utilizó al matrimonio y la familia de Adán y Eva, aun en medio de la catástrofe de su caída; al matrimonio y a la familia de Noé para salvar a la humanidad de la aniquilación total; al matrimonio y a la familia de Abraham y Sara, así como a los matrimonios y a las familias de Jacob, sin que importaran para Dios sus muchas imperfecciones y "defectos de fábrica". Dios usó al matrimonio y a la familia de Moisés, Aarón, Josué, David, y muchos otros ejemplos de la Biblia.

De algunos de estos y otros matrimonios y familias Dios tuvo que sacar lo mejor de lo "peor", pero sus proyectos para la humanidad jamás se han detenido. Del caos de los matrimonios y las familias de Jacob, Dios constituyó las doce (12) tribus de Israel; del acto sexual que Judá pensaba tenía con una prostituta y no con su nuera, surgió el hijo en la línea de la promesa; del adulterio y homicidio bochornosos y ominosos de David, Dios produce de nuevo un hijo en la línea del Mesías.

Dios ha utilizado y sigue usando los peores momentos y circunstancias de los matrimonios y las familias, para que la gloria y la honra de las bellezas de sus proyectos sean suyas, y no de nosotros, los humanos, "perfectamente imperfectos".

Todos los matrimonios y las familias recibimos ataques y oleadas de vientos que tienen el propósito de derribarnos y destruirnos. Pero no podemos olvidar la verdad que titula esta entrega. Nosotros, los matrimonios y las familias, somos los instrumentos de Dios para la realización de sus proyectos para esta humanidad. Ésa es una gran responsabilidad y privilegio que tenemos.

CONVERSATORIO – CAPÍTULO 11

(1) ¿Por qué a las personas en la primera etapa del amor, el enamoramiento (las otras tres etapas del amor son: la pasión, el romance/intimidad y el compromiso) les resulta fácil entender que ellas son instrumentos de Dios?

_____
_____
_____

(2) Ya dentro del matrimonio, la esposa y el esposo están participando activamente en todas las etapas del amor: el enamoramiento, la pasión, el romance/intimidad y el compromiso. ¿Le resulta fácil al esposo y a la esposa entender que ellos son instrumentos que Dios usa para cumplir sus proyectos para la humanidad? Si_____No_____

(3) Explica brevemente la respuesta que diste a la pregunta # 2.

_____
_____
_____

(4) ¿Creen ustedes que como esposos son instrumentos de Dios? Si_____No_____

(5) ¿Qué han hecho específicamente hasta ahora para que los proyectos de Dios para la humanidad se sigan cumpliendo por medio de su matrimonio?

_____
_____
_____

(6) ¿En cuáles situaciones/circunstancias/conductas les resulta a ustedes más fácil como esposos ser instrumentos de Dios?
_____
_____
_____

Capítulo 12
Mi matrimonio es un pacto, no un contrato social

Al casarte, entras a un compromiso de pacto. Y en este compromiso eterno, tú decides satisfacer las necesidades de tu pareja, y ella decide satisfacer las tuyas. En esto consiste el amor eterno del pacto matrimonial.

Los Estados Unidos, Europa, y las Américas están siendo invadidos por una cultura liberal sobre el matrimonio. Los humoristas hacen chistes, parodias y comedias de mal gusto sobre el matrimonio. Los programas de tv, en la radio, en las canciones, se ridiculiza y vulgariza el matrimonio. En los Estados Unidos y otros varios países, hay una oleada de "movimientos" cambiando la idea esencial de que el matrimonio es entre un hombre y una mujer.

En muchos estados americanos y otros países esa cláusula se esta cambiando por otra que dice que el "matrimonio es entre dos personas", abriéndole las puertas a matrimonios de homosexuales. Ya hay estados de Norteamérica y otros países donde los homosexuales en sus dos vertientes, así como los bisexuales, pueden casarse legalmente, y disfrutar de todos los derechos de un matrimonio.

Estas ideas liberales sobre el matrimonio están invadiendo las iglesias cristianas también. Hay obispos, pastores, líderes prominentes de las iglesias cristianas declarados homosexuales públicamente, y siguen siendo líderes cristianos. Hay grandes iglesias y organizaciones cristianas que están aceptando como algo normal los matrimonios homosexuales. Los divorcios entre líderes cristianos, incluyendo pastores, obispos, profetas, son comunes y prácticamente aceptados por muchos concilios cristianos. Estos pastores, obispos, profetas y líderes prominentes, se divorcian, y siguen en sus puestos de liderazgo eclesiástico como si nada hubiese sucedido.

Muchas de estas iglesias y organizaciones cristianas que están siendo invadidas por estas ideas y prácticas liberales sobre el matrimonio, también practican dos conceptos: antibíblico y anticristiano sobre el matrimonio. El primer concepto erróneo es que, hacen una separación entre lo que es una pareja amorosa, erótica o romántica, y lo que es el matrimonio como entidad, organización o cultura socio-histórica. Esta separación nos lleva a practicar perversidades horribles.

El segundo concepto erróneo que practican estos movimientos neoliberales es que conceptualizan el matrimonio como un contracto social, NO como un pacto.

La idea bíblica y cristiana sobre el matrimonio es que éste es un pacto, no un simple contrato social en el que los participantes escriben cláusulas convenientes para cada uno, y que luego se utilizan para disolver el matrimonio siguiendo normativas legales.

En la Biblia, casarse o unirse en matrimonio es idéntico a formar pareja amorosa, romántica o erótica. Desde el punto de vista socio-histórico, han existido muchas y diversas formas de matrimonios. Todavía hoy en pleno siglo XX1 tenemos ese mismo fenómeno. Pero la idea esencial bíblica sobre el matrimonio, es que el matrimonio es la unión de un hombre y una mujer, que deciden ser una sola carne, y formar una familia nuclear bajo el liderazgo de la pareja amorosa. Este matrimonio bíblico es una PACTO, no un contrato social. El contrato social puede terminar, el PACTO no. El principio bíblico para el matrimonio cristiano es claro y preciso. Este principio dice así: "Dejará el hombre a su padre y a su madre, y se unirá a su mujer, y los dos serán una sola carne".

CONVERSATORIO – CAPÍTULO 12

(1) ¿Por qué a las personas en la primera etapa del amor, el enamoramiento (las otras tres etapas del amor son: la pasión, el romance/intimidad y el compromiso) les resulta fácil creer que su matrimonio es un pacto, no un contrato social?
_____
_____
_____

(2) Ya dentro del matrimonio, la esposa y el esposo están participando activamente en todas las etapas del amor: el enamoramiento, la pasión, el romance/intimidad y el compromiso. ¿Le resulta fácil al esposo y a la esposa vivir su matrimonio como un pacto? Si_____ No_____

(3) Explica brevemente la respuesta que diste a la pregunta # 2.
_____
_____
_____

(4) ¿Creen ustedes que su matrimonio es un pacto, no un contrato social? Si_____ No_____

(5) ¿Qué han hecho específicamente hasta ahora para que su matrimonio "luzca" como un pacto y no como un contracto social?
_____
_____
_____

(6) ¿En cuáles situaciones/circunstancias/conductas les resulta a ustedes más fácil vivir el pacto matrimonial?

_____
_____
_____

Capítulo 13
Mi matrimonio funciona como un equipo ganador

Eres un equipo ganador con tu pareja. Y aun en medio de las situaciones más conflictivas, estás en este equipo del matrimonio para jugar y para ganar para los dos, nunca para ti solamente.

Todos los equipos, no importa a cuales actividades se dediquen, están fundamentados en el principio de competir, compartir, jugar, para intentar GANAR. Ningún equipo ya formado, inicia una competencia con otro equipo con la idea primaria de PERDER y fracasar. Todos los equipos, sin que importe mucho a qué se dedican, están motivados por la idea de ser equipos GANADORES.

El matrimonio desde el punto de vista bíblico es un equipo GANADOR. La idea de que el matrimonio es un equipo estaba en la idea de Dios, el creador del modelo matrimonial, cuando dijo las palabras claves que dieron origen al primer matrimonio que existió sobre esta tierra. Esto fue lo que dijo Dios: "No es bueno que el hombre (y la mujer) esté solo. Haré ayuda idónea para él (ellos)".

En el modelo de Dios para el matrimonio, el hombre es una ayuda idónea para la mujer, y la mujer es una ayuda idónea para el hombre. En otras palabras, la unión de la mujer y del hombre para formar un matrimonio, está definida como un equipo. ¿Cuáles son los elementos característicos de un equipo?

Los miembros de un equipo tienen intereses comunes, todos trabajan y funcionan para el beneficio del equipo, no personal, los objetivos y metas del equipo son prioritarios, todos los miembros están comprometidos con el equipo en igualdad de condiciones, todos cumplen con las funciones asignadas por el equipo. Cada miembro cumple con sus funciones de la manera más efectiva, con el objetivo de que su equipo prospere y triunfe, todos están orgullosos de ser parte del equipo, todos trabajan para que el equipo gane, cada miembro se comporta como si el equipo es "mi equipo".

Esto es exactamente lo que tiene que suceder en el equipo ganador de mi matrimonio. Cuando el equipo ganador de mi matrimonio tiene estas características, no hay conflictos tan grandes y graves que lo destruya, o faltas comunicativas que no se puedan superar, o "defectos de fábrica" que uno y otro tengamos que no podamos armonizar, o diferencias de personalidad arraigadas que no podamos complementar.

Cuando mi matrimonio es un equipo GANADOR, y tanto yo como mi pareja pensamos, creemos, y actuamos como miembros responsables de ese equipo, el manejo de nuestras finanzas, de nuestra sexualidad, la crianza de nuestros hijos, y nuestros quehaceres domésticos, que son las cuatro áreas que crean mayor cantidad de conflictos en el matrimonio y la familia, están en mi matrimonio para ayudarnos a crecer como personas y como matrimonio que funciona como un equipo ganador.

Mi matrimonio como un equipo ganador exalta el modelo de Dios para el matrimonio. Y no es que tenga un matrimonio perfecto, porque eso no existe sobre esta tierra que es el único lugar donde nos casamos, sino que mi matrimonio aprende algo positivo, sanador y enriquecedor de cada situación que se presente.

Mi matrimonio como equipo ganador produce GOZO aun de situaciones y circunstancias dolorosas. Aun los mejores equipos pierden en ocasiones. Cuando eso sucede, y de seguro que sucede en mi matrimonio, mi matrimonio como equipo ganador está más unido buscando y practicando estrategias ganadoras.

CONVERSATORIO – CAPÍTULO 13

(1) ¿Por qué a las personas en la primera etapa del amor, el enamoramiento (las otras tres etapas del amor son: la pasión, el romance/intimidad y el compromiso) les resulta fácil funcionar como un equipo ganador?
_____
_____
_____

(2) Ya dentro del matrimonio, la esposa y el esposo están participando activamente en todas las etapas del amor: el enamoramiento, la pasión, el romance/intimidad y el compromiso. ¿Le resulta fácil al esposo y a la esposa ser un equipo ganador? Si_____ No_____

(3) Explica brevemente la respuesta que diste a la pregunta # 2.
_____
_____
_____

(4) ¿Creen ustedes que su matrimonio es un equipo ganador? Si_____ No_____

(5) ¿Qué han hecho específicamente hasta ahora para que su matrimonio sea un equipo ganador?
_____
_____
_____

(6) ¿En cuáles situaciones / circunstancias / conductas les resulta a ustedes más fácil vivir dentro del matrimonio como un equipo ganador?
_____
_____
_____

Capítulo 14
Mi matrimonio funciona como un cuerpo

Tú eres un cuerpo con tu pareja. En la misma medida que ames a tu cuerpo, amarás a tu pareja. Si aprendes a amarte apropiadamente a ti mismo, te resultará más fácil aprender a amar a tu pareja.

Nuestros cuerpos son maravillas de las obras creadas por Dios. Funcionan como sistemas perfectos, en los cuales el todo funciona por las partes y las partes funcionan por el todo.

Los trillones de células en nuestros cuerpos no se contradicen entre sí. Todas trabajan al unísono y mancomunadas, para que nuestros cuerpos sean obras maestras de arte. Cada sistema y cada elemento de todos los sistemas en nuestros cuerpos funcionan comunicados, balanceados, y con homeostasis sinérgica. Nuestros cuerpos no poseen ningún desperdicio.

El modelo de Dios para el matrimonio lo describe como un cuerpo. Cuando las escrituras hablan de que los esposos tienen que amarse y respetarse, utilizan las siguientes expresiones. A los esposos dice "maridos (esposos) amad a vuestras mujeres (esposas)". Fijémonos que la palabra amar está en imperativo (una orden, un mandato). Por lo tanto, el amarse en el matrimonio NO es un sentimiento, ni opcional, ni ocasionalmente, sino que es una decisión. Los esposos deciden conscientemente amarse, aunque en algunas situaciones y circunstancias "no sientan hacerlo".

Otra cosa importante. Este amarse de los esposos en el matrimonio que habla en este pasaje, NO se refiere a amarse con EROS, es decir, no está haciendo referencia a que los esposos se aman con PASIÓN erótica. Tienen mucha pasión erótica los matrimonios que deciden amarse, pero la pasión erótica NO es la base que sostiene su matrimonio. Esto es lo que dice: "Maridos amad a vuestras mujeres, así como Cristo amó a la Iglesia y se entregó a sí mismo por ella". Mi amor por mi esposo y mi esposa tiene que tener las mismas medidas que el amor de Cristo por la Iglesia.

Algo más sobre este amor de los esposos. "Los esposos deben amar a sus esposas, como ellos aman sus propios cuerpos. El que ama a su esposa, a sí mismo se ama". En la medida en que yo ame a mi cuerpo, así amo a mi esposo o esposa. Así es como mi matrimonio funciona como un cuerpo. Si amo mi cuerpo, amo a mi pareja. Si no amo mi cuerpo, lo hiero, lo maltrato, lo descuido, eso mismo haré con mi pareja.

Mi matrimonio es un cuerpo lleno de amor por sí mismo. Todo lo que quiero para mi cuerpo, es lo que quiero para mi matrimonio. Todo lo que hago por mi cuerpo, es lo que estoy dispuesto a hacer por mi matrimonio. El amor que dé a mi cuerpo, será la medida del amor que le daré a mi pareja dentro de mi matrimonio.

La calidad y la cantidad de amor con que estoy amando a mi esposa o esposo, me habla de la calidad y la cantidad de amor con que me amo mí mismo (a). Cristo amó a la Iglesia como a su cuerpo. Porque la amó, entregó su cuerpo por ella. Esa es la medida de amor con que los esposos se aman. Hasta entregar sus cuerpos por el otro, si es necesario debo hacerlo así por el amor que le tengo a mi pareja.

CONVERSATORIO – CAPÍTULO 14

(1) ¿Por qué a las personas en la primera etapa del amor, el enamoramiento (las otras tres etapas del amor son: la pasión, el romance/intimidad y el compromiso) les resulta fácil vivir el matrimonio como si fueran un solo cuerpo?
_____
_____
_____

(2) Ya dentro del matrimonio, la esposa y el esposo están participando activamente en todas las etapas del amor: el enamoramiento, la pasión, el romance/intimidad y el compromiso. ¿Le resulta fácil al esposo y a la esposa ser un solo cuerpo? Si_____ No_____

(3) Explica brevemente la respuesta que diste a la pregunta # 2.
_____
_____
_____

(4) ¿Creen ustedes que como marido y mujer son un solo cuerpo? Si_____ No_____

(5) ¿Qué han hecho específicamente hasta ahora para que su matrimonio funcione como un solo cuerpo?
_____
_____
_____

(6) ¿En cuáles situaciones/circunstancias/conductas les resulta a ustedes más fácil vivir dentro del matrimonio como un solo cuerpo?

_____
_____
_____

Capítulo 15
Los fundamentos del matrimonio: Ser como un árbol plantado

Tu matrimonio es un árbol plantado por ti mismo (a) ¿Escogiste los ingredientes, el terreno, los nutrientes, o es un árbol plantado por el viento? Dios te ha bendecido con las capacidades de decidir y de plantar.

Todo lo que nosotros hacemos necesita fundamentos o bases. Desde un edificio de cien pisos hasta unas vacaciones; desde preparar un desayuno hasta casarse; desde salir a caminar hasta formar una familia. Y todos los fundamentos se crean con un recurso que se llama decisiones saludables.

En el salmo número uno, podemos leer que las personas que ponen fundamentos sólidos a lo que hacen, son como "árboles plantados junto a corrientes de aguas…". Hay árboles que son plantados por alguien, y hay árboles que nacen al azar. Los árboles que son plantados, cuidados y nutridos, tienen más posibilidades de ser árboles exitosos. En el mismo salmo citado, se dice de esos árboles plantados junto a corrientes de aguas, "dan su fruto en su tiempo, su hoja no cae, y todo lo que hacen, prospera".

Nuestros matrimonios necesitan fundamentos. A veces nos resulta difícil ponerle fundamentos a nuestros matrimonios. Si vinimos de familias nucleares disfuncionales, donde nuestros padres biológicos no tenían fundamentos, carecemos de modelos matrimoniales que podríamos imitar. Los modelos son importantes y facilitan nuestros aprendizajes, especialmente en aspectos tan sensitivos y complejos como el matrimonio y la familia dentro de la sociedad globalizada en que vivimos.

Pero nosotros podemos, y tenemos las capacidades de plantar árboles diferentes a los que plantaron nuestros abuelos. Si nosotros nacimos sin fundamentos sólidos, la lección milagrosa que Dios nos puede estar dando es la de que ahora tenemos la oportunidad de casarnos y formar una familia nuclear con fundamentos.

Dios nos está diciendo que nos eligió a nosotros para que podamos plantar nuevos árboles "junto a corrientes de aguas". Si los árboles de matrimonios y familias que nuestros abuelos y padres biológicos plantaron o dejaron de plantar, no pudieron dar los frutos deseados, nosotros podemos hacerlo mejor.

Si nosotros queremos matrimonios y familias que "den sus frutos en su tiempo, que sus hojas no caigan, y que todo lo que hagan prospere", tenemos que plantar o sembrar nuestros matrimonios y nuestras familias "junto a corrientes de aguas". Plantar y sembrar nuestros matrimonios en las aguas de la Palabra de Dios, que son aguas del amor incondicional, aguas del perdón y aguas de la compasión.

Plantemos nuestros matrimonios; no permitamos que estos sencillamente surjan al azar. Tengamos matrimonios con fundamentos, matrimonios que den frutos en su tiempo y perdurables.

¡Que Dios bendiga ricamente su matrimonio!

CONVERSATORIO – CAPÍTULO 15

(1) ¿Por qué a las personas en la primera etapa del amor, el enamoramiento (las otras tres etapas del amor son: la pasión, el romance/intimidad y el compromiso) les resulta fácil pensar que están plantando o sembrando su matrimonio, en lugar de que su matrimonio surja al azar?

_____
_____
_____

(2) Ya dentro del matrimonio, la esposa y el esposo están participando activamente en todas las etapas del amor: el enamoramiento, la pasión, el romance/intimidad y el compromiso. ¿Le resulta fácil al esposo y a la esposa plantar o sembrar su matrimonio con fundamentos?
Si_____No_____

(3) Explica brevemente la respuesta que diste a la pregunta # 2.

_____
_____
_____

(4) ¿Creen ustedes que su matrimonio ha sido plantado o sembrado con fundamentos? Si_____No_____

(5) ¿Qué han hecho específicamente hasta ahora para plantar o sembrar su matrimonio con fundamento?

_____
_____
_____

(6) ¿En cuáles situaciones / circunstancias / conductas les resulta a ustedes mas fácil plantar o sembrar su matrimonio con fundamentos?

_____
_____
_____

Capítulo 16
Los fundamentos del matrimonio: Edificar la casa sobre la roca

Cuando te casas, o edificas tu matrimonio sobre una roca firme y segura, o lo edificas sobre las arenas movedizas o los terrenos resbaladizos y débiles. Tú decides si te bendice y bendice a tu familia para siempre.

En el evangelio de San Mateo, en los capítulos del 5 al 7, se relata el discurso más largo que pronunció nuestro Señor Jesucristo. Este discurso se ha llamado el "Sermón del Monte". Al final de ese discurso Jesucristo dijo: "El que oye mis palabras y las cumple, le compararé a un hombre prudente que edificó su casa sobre la roca. Y vinieron ríos, y soplaron vientos, y dieron con ímpetu sobre aquella casa, pero no cayó porque estaba edificada sobre la roca".

Jesucristo dijo claramente que para edificar una casa con prudencia o sabiduría, tenemos que "oír" y "hacer". Tenemos que juntar estos dos verbos en una acción sabia e inteligente. El Señor dijo además que cuando edificamos nuestras casas de esa manera, no importa lo que la vida nos provea: terremotos, maremotos, huracanes, ciclones, inundaciones, nuestras casas permanecerán firmes.

Tenemos que edificar nuestros matrimonios y nuestras familias sobre la roca que es Jesucristo. A muchas personas les resulta difícil hacerlo. Ellas nacieron de matrimonios y se criaron en familias edificadas sobre las arenas movedizas. Así que, estas personas no tuvieron modelos de matrimonios y familias edificadas sobre la roca. Y si a esto se le agrega, que los matrimonios y familias con las que tienen contactos también están edificados sobre las arenas movedizas, estas personas necesitan poner más esfuerzos para edificar sus matrimonios y familias sobre la roca.

Pero el deseo y propósito de Dios para todos nosotros es que edifiquemos nuestros matrimonios y familias sobre la roca. Y todos podemos edificar nuestros matrimonios sobre la roca del modelo de matrimonio que Dios nos ha regalado. El modelo de matrimonio de Dios lo simboliza la figura geométrica del triángulo. Las dos líneas de los lados representan a los esposos, la línea de la base representa la palabra de Dios, y la parte de arriba que une las dos líneas representa a Dios. Mientras más los esposos se acercan a Dios (la parte de arriba del triángulo que une los dos lados) más sólido, firme y estable es su matrimonio.

Cuando fundamos nuestros matrimonios sobre la roca, no existen conflictos, diferencias, crisis y malentendidos que los derrumbe. Un matrimonio con fundamento, es un matrimonio que perdura. Un matrimonio edificado sobre la roca, es un matrimonio que crece en medio de las crisis.

CONVERSATORIO – CAPÍTULO 16

(1) ¿Por qué a las personas en la primera etapa del amor, el enamoramiento (las otras tres etapas del amor son: la pasión, el romance/intimidad y el compromiso) les resulta fácil pensar que sus matrimonios están edificados firmes sobre una roca?

_____
_____
_____

(2) Ya dentro del matrimonio, la esposa y el esposo están participando activamente en todas las etapas del amor: el enamoramiento, la pasión, el romance/intimidad y el compromiso. ¿Le resulta fácil al esposo y a la esposa edificar su matrimonio firme sobre una roca? Si_____No_____

(3) Explica brevemente la respuesta que diste a la pregunta # 2.

_____
_____
_____

(4) ¿Creen ustedes que su matrimonio está edificado firme sobre una roca? Si_____No_____

(5) ¿Qué han hecho específicamente hasta ahora para que su matrimonio esté edificado firme sobre una roca?

_____
_____
_____

(6) ¿En cuáles situaciones/circunstancias/conductas les resulta a ustedes mas fácil edificar su matrimonio firme sobre una roca?
_____
_____
_____

Capítulo 17
Recetas de amor para los jóvenes: Cómo elegir bien a tu pareja

En estas recetas de amor para los jóvenes, encontrarás diez descubrimientos importantes sobre cómo elegir bien con quien te casas. Este capitulo te enseñará además, varias herramientas para que descubras el verdadero amor en ti, y aprendas cómo darle amor a quien realmente amas.

Casarse adolescente es el factor de riesgo más alto que puede precipitar tu divorcio. Los jóvenes que se casan siendo adolescentes tienen un 20 al 30 por ciento más probabilidad de divorciarse, que las personas que se casan después de los veinte.

La forma más segura para encontrar una pareja para casarte es por medio de familiares, amigos y conocidos A pesar de la noción romántica de que las personas se encuentran y se enamoran por casualidad y de repente, la evidencia sugiere que para elegir una pareja con fines de casarte, es importante que la conozcas por medio de personas conocidas. De acuerdo a un estudio nacional sobre sexualidad, casi el 60 por ciento de las personas casadas conoció a su pareja por medio de familiares, amigos, compañeros de trabajo y conocidos.

Las parejas con matrimonios más estables y exitosos son aquellas que comparten valores, metas y experiencias de la vida similares.

Los opuestos se atraen pero les resulta difícil mantener matrimonios estables y armoniosos. Las parejas que comparten experiencias de la vida más o menos comunes tienen mejores oportunidades de tener matrimonios exitosos, que aquellas con experiencias de vida antagónicas.

Las mujeres tienen una mayor probabilidad de casarse, si no llegan a ser madres solteras antes del matrimonio. Los datos indican que tener niños antes del matrimonio reduce las probabilidades de casarse. A pesar del alto número de parejas potenciales para el matrimonio que tienen hijos, un estudio ha encontrado que "tener hijos es todavía una de las características menos deseables en una posible pareja matrimonial". La otra característica menos deseable en una pareja matrimonial, tanto en los hombres como en las mujeres, es la incapacidad de mantener un trabajo estable.

Tanto los hombres como las mujeres con una educación universitaria, tienen más alta probabilidad de casarse y menos probabilidad de divorciarse, que las personas con niveles educativos más bajos.

A pesar de las historias noticiosas ocasionales que predicen una larga vida de soltería para las mujeres con educación universitaria, esa predicción está probada como falsa. La primera generación de mujeres universitarias tuvieron problemas para encontrar esposos, pero esta realidad se ha revertido hoy. Las mujeres de hoy con educación universitaria tienen más probabilidades de casarse que aquellas que no la tienen. Lo que está sucediendo es que a estas mujeres profesionales se le está siendo difícil encontrar esposos profesionales, debido a que hay mas mujeres que hombres que se están graduando de las universidades.

El vivir juntos antes de casarse NO demuestra ser un "matrimonio a prueba".

Aquellos que tienen varias relaciones maritales de concubinato antes de casarse, experimentan más conflictos maritales, infelicidad marital, y eventualmente, se divorcian más rápido que las parejas que NO viven en concubinato antes de casarse. Las parejas que viven en concubinato padecen de lo que se ha llamado "el efecto de selección". El efecto que produce el concubinato disminuye el éxito del matrimonio futuro de las personas que viven en concubinato. Estudios indican que el vivir en concubinato antes del matrimonio aumenta los problemas al casarse.

El matrimonio contribuye a que las personas generen más recursos financieros, y por lo tanto, más riquezas.

Las parejas casadas viven financieramente mejor que las que viven en concubinato. Los hombres son más productivos después del matrimonio; ellos ganan entre diez y cuarenta veces más que los hombres solteros con niveles educativos e historias de trabajo similares a ellos. Las normas sociales del matrimonio que motivan a los casados a comportarse saludable y productivamente juegan un papel en estas diferencias. Las parejas casadas reciben más dinero, atención, afecto de sus familiares que aquellas que simplemente viven en concubinato.

Las parejas casadas juntan sus recursos y ahorran más dinero que aquellas parejas que viven en concubinato. Las personas casadas tienen la tendencia a vivir una vida sexual emocional y físicamente más satisfactoria, que las personas solteras o aquellas parejas que viven juntos sin casarse. Contrario a las creencias populares de que la vida sexual de las personas casadas es aburrida e infrecuente, las personas casadas reportan un nivel más alto de satisfacción sexual que aquellas personas solteras o las parejas en concubinato. Cuarenta por ciento de las mujeres casadas, en comparación con el treinta y uno por ciento de las mujeres solteras, dice que encuentra su vida sexual emocional y físicamente muy satisfactoria.

El cuarenta por ciento de los hombres casados, comparado con el treinta y siete por ciento de los hombres que viven en concubinato, dice que encuentra su vida sexual extremadamente satisfactoria emocional y físicamente. Mientras más comprometido con el matrimonio está la pareja, más alta es la satisfacción sexual para los dos. En un matrimonio comprometido hay mucha confianza y seguridad, menos drogas y alcohol en la vida sexual y una comunicación más plena entre los esposos.

Las personas que crecen en familias divididas por el divorcio son menos probables que se casen, y más probables que se divorcien si llegan a casarse. Los estudios dicen que el riesgo de divorcio casi se triplica si alguien que viene de una familia dividida por el divorcio se casa con otra que tiene una historia similar. El riesgo de separación es menor cuando la pareja procede de un hogar intacto y una familia unida y feliz.

Para una amplia población el riesgo del divorcio está muy debajo del cincuenta por ciento. Aunque para todos los matrimonios que se efectúan en América el índice de divorcio está cerca del cincuenta por ciento, ha ido bajando gradualmente en las ultimas dos décadas. Además, el riesgo de divorcio está muy por debajo del cincuenta por ciento para el primer matrimonio de personas educadas, y más bajo aún, para las personas que esperan para casarse cuando están después de los veinte, si no ha vivido con varias parejas antes de casarse, y además mantiene creencias religiosas fuertes y se casa con alguien de la misma fe religiosa.

CONVERSATORIO - CAPÍTULO 17

(1) ¿Por qué a las personas en la primera etapa del amor, el enamoramiento (las otras tres etapas del amor son: la pasión, el romance/intimidad y el compromiso) les resulta difícil elegir bien a las personas con las que se casan?
_____
_____

(2) Después que se casan, la esposa y el esposo están participando activamente en todas las etapas del amor: el enamoramiento, la pasión, el romance/intimidad y el compromiso. ¿Crees que resultara fácil acomodarte a la pareja que has elegido para casarte?
Si_____No_____

(3) Explica brevemente la respuesta que diste a la pregunta #2.
_____
_____
_____

(4) Cuando decidas casarte, ¿Cómo elegirás a tu pareja para el matrimonio?
_____
_____
_____

(5) ¿Qué harás específicamente para elegir a tu pareja y cómo piensas elegirla?

(6) Después que elijas a tu pareja, ¿qué planeas hacer para seguir enamorado de tu pareja: amarla con pasión, mantener el romance y la intimidad y asumir los compromisos del matrimonio?

Capítulo 18
Recetas de amor para los jóvenes: ¿Qué realmente sienten y piensan los hombres sobre el amor?

Los hombres tienen una manera particular y única de amar y de dejarse amar. En este capítulo de recetas de amor para los jóvenes preguntamos y respondemos algunos asuntos sobre qué realmente sienten y piensan los hombres sobre el amor. Esta es una materia muy importante a la hora de enamorarse.

¿Qué por ciento de hombres casados le dice a su pareja: "Te amo", solamente para escapar de una pelea con ella?

Respuesta: ¡23 por ciento!

¿Qué porcentaje de hombres casados piensa que una noche tranquila en la casa, es una cita amorosa que lo pone de "buen humor"? El 26 por ciento.

¿Qué por ciento de hombres casados inicia la actividad sexual con su pareja más de la mitad de las veces de sus actos sexuales? Un 72 por ciento

¿Qué piensan los hombres que es lo mas importante en una relación de pareja? Resultados: la amistad, 62%; tener sueños y metas similares en la vida 31%; el sexo 8%.

¿Qué por ciento de hombres casados piensa que la mejor experiencia sexual está basada en la manera como su pareja se ve desnuda? Un 34 por ciento.

¿Qué por ciento de hombres casados se mantiene con su pareja debido a que el sexo con ella es "grandioso"? El 32 por ciento.

¿Qué por ciento de hombres casados piensa que la causa más común de discusiones con sus esposas, está relacionada con el hecho de que ellas NO hablan con ellos acerca de sus sentimientos? El 27 por ciento.

¿Cuál es el por ciento de los hombres casados que NO desea que sus parejas les hagan preguntas personales? ¡El 65 por ciento!

¿Qué por ciento de hombres está de acuerdo que es importante recibir halagos de su pareja de manera regular? El 70 por ciento.

¿Qué porcentaje de los hombres casados afirman que ellos hacen un gran esfuerzo por cambiar hábitos o conductas que a sus esposas NO les agradan? El 34 por ciento.

¿Qué por ciento de hombres se ha sentido literalmente "mareado de amor", es decir, que se ha enamorado realmente? El 78 por ciento.

¿Qué por ciento de hombres casados afirma que haría cualquier cosa para complacer a su esposa? El 56 por ciento.

¿Qué por ciento de hombres casados afirma que no tiene ni la más remota idea acerca de la manera en que sus esposas actúan o piensan? El 88 por ciento.

¿Qué por ciento de hombres piensa que tener sexo con alguien solamente por una noche es degradante? El 47 por ciento.

¿Qué porcentaje de los hombres NO está satisfecho con el tamaño de su pene? El 60 por ciento.

¿Qué por ciento de los hombres casados son felices al tener tiempo para ellos mismos, cuando sus esposas tienen sus propios planes? El 64 por ciento.

¿Qué por ciento de los hombres casados piensa que es más atractivo para ellos, que sus esposas conserven una prenda de ropa intima durante el acto sexual, en comparación a ellas estar totalmente desnudas? El 43 por ciento.

¿Cuáles son las ropas femeninas íntimas más atractivas para los hombres? El panty que cubre poca cosa, las medias, y los zapatos de tacón.

¿Qué por ciento de los hombres casados piensa que la inteligencia de sus esposas es más importante que sus cuerpos bellos? El 58 por ciento.

¿Qué por ciento de los hombres casados piensa que son mejores en la cama (en el sexo) que sus esposas? El 50 por ciento.

¿Qué porcentaje de los casados desearía durar más durante los actos sexuales con sus esposas? El 71 por ciento.

¿Qué por ciento de los hombres casados piensa que sus esposas NO son lo suficientemente "aventureras" desde el punto de vista sexual? El 61 por ciento.

¿Qué por ciento de los hombres casados piensa que permanecería con sus esposas hasta que la muerte los separe? El 82 por ciento.

¿Qué porcentaje de los hombres piensa que el amor se acaba (termina porque no tiene vida propia)? El 80 por ciento.

CONVERSATORIO - CAPÍTULO 18

(a) Explica por qué parece que los hombres se comunican más verbalmente con su pareja durante las fases del enamoramiento y de la pasión, que durante las fases del romance/intimidad y el compromiso.

_____
_____
_____

(b) El 80 por ciento de los hombres piensa que el amor se acaba, al mismo tiempo que el 78 por ciento de hombres se han enamorado realmente. Explica por qué un número tan alto de los hombres piensa que el amor se acaba, es decir, que el amor no es duradero.

_____
_____
_____

(c) Por qué crees que el 72 por ciento de los hombres son los que siempre inician las actividades sexuales con sus parejas en el matrimonio?

_____
_____
_____

Capítulo 19
Recetas de amor para los jóvenes: Evita algunos prejuicios al elegir a tu pareja

Si practicas evitar estos diez prejuicios al momento de elegir a tu pareja, tu matrimonio tendrá mayores probabilidades de éxito.

Por considerarlos de gran utilidad para los efectos de enriquecer el matrimonio, a continuación, se dan diez principios, parafraseando a Robin L. Smith, los cuales son muy importantes tenerlos en cuenta. Estos principios basados en ciertos prejuicios son los siguientes:

PREJUICIO 1 - SI EL PAQUETE VIENE BELLAMENTE ENVUELTO, SU CONTENIDO ES FABULOSO

- ✓ En términos del matrimonio: de elegir a una persona, decidir amarla, para pasar toda la vida con ella: "Las envolturas no te dicen nada acerca de lo que contienen".
- ✓ El enamoramiento (enamorarse) es la primera fase o etapa del amor romántico. El proceso de "conquista" es parte de esta etapa.
- ✓ Las "envolturas" de la personalidad son muy "bellas" durante esta fase del amor.

Una pregunta: ¿te gusta lo que vislumbras en el INTERIOR (de la persona objeto de tu amor), tanto como te gusta lo que ves en el EXTERIOR?

PREJUICIO 2 - NO ME PREOCUPA SU PASADO: EL PASADO ES HISTORIA

- ✓ Tanto el pasado tuyo como el pasado de la persona objeto de tu amor, son los que te conducen al altar (matrimonio) primariamente.
- ✓ Al formar un matrimonio, los humanos solamente tenemos dos ideas que nos dirigen hacia el matrimonio que deseamos edificar:

    (1) El modelo de matrimonio en el que nos criamos.

    (2) Las expectativas de lo que es un matrimonio que tenemos en las mentes.

Una pregunta: ¿Tienes una autoestima (autoimagen y autoidentidad) lo suficientemente estable y fuerte, para presentarte a tu pareja tal y como tú eres? ¿O vives en temor de que tu pareja descubra quién tú realmente eres?

PREJUICIO #3 - PREFIERO CUALQUIER COSA A VIVIR SOLO

- ✓ Huir de la "soledad" no es una buena razón para casarse.
- ✓ No te casas para completarte, sino porque ya te sientes completo (a).

- ✓ El matrimonio complementa la persona plena que ya eres.
- ✓ En el matrimonio, compartes la totalidad de lo que eres, y recibes la totalidad de lo que tu pareja es.

Una pregunta: en el matrimonio, ¿eres totalmente participativo (a) en tu relación, o has cedido aduciendo apatía, cansancio o miedo?

PREJUICIO 4 - EN EL MATRIMONIO DEBES CEDER PARA LOGRAR LLEVARTE BIEN

- ✓ En un matrimonio saludable, puedes exponer tus necesidades sin temor al rechazo.
- ✓ El matrimonio es el espacio por excelencia para que personas adultas sanas satisfagan necesidades mutuas.
- ✓ Un matrimonio sano es un equipo que satisface sus necesidades mutuas de manera natural.

Una pregunta: ¿tu pareja ama, acepta y respeta tus diferencias, o las menosprecia y las califica de tontas, ridículas, o locas?

PREJUICIO 5 - EN EL MATRIMONIO: ES IMPORTANTE TENER RAZÓN

- ✓ Es más importante relacionarse con autenticidad.
- ✓ Que existan conductas amorosas y compasivas mutuas.
- ✓ Que existan conductas de mutuo respeto y confianza.

- ✓ Que existan conductas de mutua empatía.
- ✓ Que existan conductas de mutuo perdón
- ✓ Una pregunta: ¿están tú y tu pareja más interesados en tener razón, que en integrarse en una relación de pareja de muto entendimiento y compromiso?

PREJUICIO 6 - ¿EN EL MATRIMONIO PUEDES APRENDER A VIVIR CON COMPROMISOS QUE TE ATRIBULAN EL ALMA Y TE HACEN SUFRIR Y LLAMARLO AMOR?

- ✓ El sufrimiento no es amor.
- ✓ Pero el verdadero amor es sufrido.
- ✓ Las parejas muestran conductas compasivas frente a las limitaciones o "defectos de fábrica" de sus compañeros.
- ✓ Pero el amor verdadero no es sádico ni es masoquista.

Una pregunta: ¿en tu matrimonio, has otorgado concesiones que alguna vez imaginaste impensables, o has aceptado lo inaceptable por temor, vergüenza o culpa?

PREJUICIO 7 - EN EL MATRIMONIO: SOMOS TÚ Y YO CONTRA EL MUNDO

- ✓ Un matrimonio saludable "no puede vivir en un bunker".
- ✓ La eterna felicidad matrimonial disfrutada solamente "por nosotros dos" es falsa.

- Las ideas posesivas y egoístas generalmente destruyen dos pilares de los matrimonios estables y saludables: la confianza y el respeto.

Una pregunta: ¿en tu matrimonio, tu amor es expansivo y libre, o te corta el suministro de oxígeno del mundo?

PREJUICIO 8 - EN EL MATRIMONIO: SI CREEN EN EL MISMO DIOS, COMPARTIRÁN SUS VALORES

- Los valores son los que practicas, no aquellos en los que crees.
- Los valores que traemos al matrimonio, los basamos en nuestras creencias.
- Nuestras creencias forman nuestros hábitos.
- Nuestros hábitos forman nuestros patrones de pensamientos, de sentimientos, de percepciones y de conductas.

Una pregunta: ¿en tu matrimonio, las actitudes y el comportamiento de tu pareja te regocijan y te inspiran, o te revuelven el estómago y afectan a tu espíritu?

PREJUICIO 9 - EL MATRIMONIO CAMBIA A LAS PERSONAS PARA BIEN

- La persona en el altar será la misma en la mesa del comedor.

- ✓ El solo hecho de casarse NO cambia significativamente la personalidad de nadie.
- ✓ El matrimonio y los años afirman nuestros hábitos, los positivos y los negativos.
- ✓ En el matrimonio, cada pareja es una "lima" que afila los "filos rocosos" del otro.

Una pregunta: ¿en tu matrimonio, amas a la persona que ves hoy (ahora), o la que esperas ver algún día?

PREJUICIO 10 - EL MATRIMONIO ES UNA GARANTÍA PARA TENER UNA BUENA AUTOESTIMA

- ✓ Debes ser íntegro (a) para poder compartir eso con alguien más.
- ✓ El matrimonio saca lo mejor y lo peor que hay en las parejas.
- ✓ El matrimonio no es responsable del crecimiento individual de los cónyuges.
- ✓ En el matrimonio, cada cónyuge comparte con el otro lo qué es y lo que tiene.

CONVERSATORIO - CAPÍTULO 19

(1) Explica el Prejuicio 1 - Si el paquete viene bellamente envuelto, su contenido es fabuloso.

___

(2) Explica el Prejuicio 2 - No me preocupa su pasado: el pasado es historia.

___

(3) Explica el Prejuicio 7 - En el matrimonio: somos tú y yo contra el mundo.

___

Capítulo 20
Recetas de amor para los jóvenes: ¿Qué necesitas para tener un matrimonio estable, exitoso y feliz?

Los estudios dicen que las personas felizmente casadas son las personas más exitosas y felices en sus profesiones y trabajos, con sus amigos, como seres humanos. Tener un matrimonio estable, exitoso y saludable contribuye a la felicidad de todo ser humano como un individuo social.

Según los estudios practicados a millones de personas, los seres humanos más exitosos y felices son las personas felizmente casadas. Estas personas felizmente casadas, son también exitosas y felices en sus trabajos, profesiones, amistades, negocios, relaciones, etc.

Según estos mismos estudios, la segunda categoría de las personas más exitosas y felices, son las personas felizmente solteras.

Los mismos estudios indican que las personas menos exitosas y menos felices, son las personas infelizmente casadas.

Los siguientes factores contribuyen a crear y mantener un matrimonio exitoso y feliz:

- ✓ Si los cónyuges, es decir, la esposa y la esposa, son dos personas exitosas y felices.

- ✓ Si el esposo y la esposa nacieron y se criaron con padres que estaban felizmente casados.
- ✓ Si estos esposos exitosos y felices se prepararon para el matrimonio antes de casarse.
- ✓ Si estos esposos exitosos y felices disfrutan ambos de una adecuada salud espiritual, mental y emocional.
- ✓ Si estos esposos exitosos y felices están total y completamente comprometidos con el bienestar de sus matrimonios.
- ✓ Si estos esposos exitosos y felices aprenden a comunicarse efectivamente.
- ✓ Si estos esposos exitosos y felices aprenden a criar a su familia nuclear (hijos) saludablemente.
- ✓ Si estos esposos exitosos y felices aprenden a manejar sus vidas domésticas o de hogar saludablemente.
- ✓ Si estos esposos exitosos y felices aprenden a manejar sus vidas financieras (economías matrimonial y familiar) saludablemente.
- ✓ Si estos esposos exitosos y felices aprenden a manejar su sexualidad (sus actos sexuales en el matrimonio) saludablemente.

Conversatorio - Capítulo 20

(1) En tu opinión, explica lo que significa que una persona esté felizmente casada.

___

(2) Explica uno por uno los factores que contribuyen a crear y mantener un matrimonio exitoso, saludable y feliz, según este capítulo 20.

___

Capítulo 21
Evaluación de la satisfacción y los conflictos en el matrimonio

Si estás satisfecho (a) con la calidad de la relación amorosa que tienes con tu pareja, tu matrimonio se dirige hacia un "paraíso matrimonial". Una alta satisfacción matrimonial contribuye a que resuelvas los conflictos con tu pareja amigablemente.

GRADOS DE MUTUA SATISFACCIÓN EN EL MATRIMONIO
(Elija UNA sola respuesta)

1. ¿Qué tan feliz se siente usted en el matrimonio?

_____ Infeliz
_____ Un poco infeliz
_____ Feliz
_____ Muy feliz
_____ Extremadamente feliz

2. Todos los matrimonios tienen DESACUERDOS en algunas áreas de la vida de matrimonio. En las siguientes tres áreas, indique los niveles de ACUERDOS o DESACUERDOS que usted tiene en el matrimonio:

(a) La cantidad y/o calidad de tiempo que desean pasar JUNTOS:

_____ Siempre de acuerdo
_____ Casi siempre de acuerdo
_____ En ocasiones en desacuerdo

_____ Casi siempre en desacuerdo
_____ Siempre en desacuerdo

(b) Tomando decisiones juntos:

_____ Siempre de acuerdo
_____ Casi siempre de acuerdo
_____ En ocasiones en desacuerdo
_____ Casi siempre en desacuerdo
_____ Siempre en desacuerdo

(c) Las maneras como se dan afectos:

_____ Siempre de acuerdo
_____ Casi siempre de acuerdo
_____ En ocasiones en desacuerdo
_____ Casi siempre en desacuerdo
_____ Siempre en desacuerdo

3. ¿Qué tan frecuente usted piensa que NO debería estar casado con su actual esposo (a)?

_____ Todo el tiempo
_____ La mayoría del tiempo
_____ No tan frecuente
_____ Ocasionalmente
_____ Nunca

4. Elija que tan VERDADERO o FALSO son las siguientes expresiones para su matrimonio.

Todavía siento que amo intensamente a mi pareja.
Verdadero___ Falso___

Me casaría de nuevo con mi pareja actual.
Verdadero___ Falso___

Nuestra relación matrimonial es fuerte y estable.
Verdadero___ Falso___

A veces me pregunto si me casé con la persona correcta.
Verdadero___ Falso___

La relación que tengo con mi esposo (a) me hace feliz.
Verdadero___ Falso___

Tengo una relación agradable y cálida con mi esposo (a).
Verdadero___ Falso___

No puedo imaginarme que mi matrimonio termine.
Verdadero___ Falso___

Siento que puedo confiar en mi esposo (a) en todo.
Verdadero___ Falso___

A veces siento dudas de si mi esposo (a) me ama.
Verdadero___ Falso___

Para mí, mi esposo (a) es mi compañero (a) romántico perfecto.
Verdadero___ Falso___

Me siento como parte de un equipo en mi matrimonio.
Verdadero___ Falso___

Mi esposo (as) es la persona que me hace más feliz.
Verdadero___ Falso___

Mi relación con mi esposo (a) me satisface mucho.
Verdadero___ Falso___

Disfruto mucho la compañía de mi esposo (a).
Verdadero___ Falso___

Mi esposo (a) y yo disfrutamos la vida juntos.
Verdadero___ Falso___

*Esta es una autoevaluación de los grados de satisfacción con que usted siente, piensa y percibe vivir el matrimonio con su pareja. Usted le asigna valor a sus propias respuestas.

EVALUACIÓN DE LOS CONFLICTOS EN EL MATRIMONIO

(1) Evalúe qué tan serio son los conflictos que ustedes tienen en el matrimonio en el presente (elija una respuesta):

_____ Nada serio
_____ Algo serio
_____ Serio
_____ Extremadamente serio

(2) ¿Qué tan frecuente usted usa las siguientes conductas con su pareja? Elija una respuesta en cada caso.

Gritarle a su pareja:

____ Frecuentemente
____ A veces
____ Raramente
____ Nunca

Decirle "palabras feas" a su pareja: "eres inmaduro (a), egoísta, dominante, cara dura, difícil, etc."

____ Frecuentemente
____ A veces
____ Raramente
____ Nunca

Decirle o recordarle a su pareja las cosas "malas" que ha dicho o hecho para herirle

____ Frecuentemente
____ A veces
____ Raramente
____ Nunca

Usar sarcasmo con su pareja

____ Frecuentemente
____ A veces
____ Raramente
____ Nunca

Quejarse constantemente con su pareja

____ Frecuentemente
____ A veces
____ Raramente
____ Nunca

Golpear objetos cuando se enoja con su pareja

____ Frecuentemente
____ A veces
____ Raramente
____ Nunca

Mostrarse irritable, de mal humor y desagradable con su pareja

____ Frecuentemente
____ A veces
____ Raramente
____ Nunca

Ignorar y menospreciar a su pareja frente a otras personas

____ Frecuentemente
____ A veces
____ Raramente
____ Nunca

Criticar a su pareja cuando usted se siente molesto (a) por algo

____ Frecuentemente
____ A veces
____ Raramente
____ Nunca

Culpar a su pareja de todos los conflictos y desacuerdos que surgen en el matrimonio

____ Frecuentemente
____ A veces
____ Raramente
____ Nunca

Iniciar discusiones con su pareja sobre cosas "no tan importantes"

____ Frecuentemente
____ A veces
____ Raramente
____ Nunca

Desquitarse con su pareja por algo "malo que le ocurrió a usted"

____ Frecuentemente
____ A veces
____ Raramente
____ Nunca

Insistir en que las cosas "siempre deben hacerse" en la manera que usted piensa y dice.

____ Frecuentemente
____ A veces
____ Raramente
____ Nunca

(3) Indique cuál de estas expresiones es Verdadero o Falso para usted en su matrimonio.

Si mi esposo (a) me critica, eso refleja algo de su persona.
Verdad__ Falso__

La razón por la que mi pareja me critica, probablemente no cambiará.
Verdad__ Falso__

Mi pareja me critica intencionalmente y con "malicia".
Verdad__ Falso__

Las conductas de mi pareja las motivan su "egoísmo".
Verdad__ Falso__

Nuestro matrimonio se afecta en otras áreas, porque mi pareja no me presta atención.
Verdad__ Falso__

Me he sentido deprimido (a) en el último mes debido a cómo mi pareja me trata.
Verdad__ Falso__

Me he sentido triste, he llorado y he dormido poco en el último mes debido a como mi pareja me trata.
Verdad__ Falso__

Siento que ya no le agrado a mi pareja, debido a la forma como ella me trata últimamente.
Verdad__ Falso__

*Esta es una autoevaluación de los niveles de conflictos NO resueltos, así como de las maneras como usted maneja los conflictos con su pareja dentro de su matrimonio. Usted le asigna valor a sus propias respuestas.

Capítulo 22
Matrimonios saludables: Sanándose para sanar

Tú traes a tu matrimonio quien tú eres y lo que tienes. Si eres una persona con altos niveles de sanidad espiritual, emocional, intelectual, y si eres una persona plena y en un proceso de auto-enriquecimiento, con una autoestima bien establecida, ése es el regalo que tú traes a tu matrimonio.

"Cada persona en este planeta tiene el potencial en su interior para ser un sanador" (Dr. Wayne W. Dyer, "El poder de la intención").

"Aquellos que se sanan, se convierten en instrumentos de sanación, y la manera de sanar, es sanándose primero a uno mismo" (de Un "Curso de Milagros").

"Nadie le puede pedir a otro que se sane. Pero sí puede dejarse sanar. Y de esta manera ofrecerle al otro lo que ha recibido. ¿Quién puede otorgar lo que no tiene? ¿Y quién puede compartir lo que se niega a sí mismo?" ("Un Curso de Milagros").

"La vida espiritual consiste en amar. No se ama porque se quiera hacer el bien, o ayudar o proteger a alguien. Si obramos de ese modo, estamos viendo al prójimo como un simple objeto, y nos estamos viendo a nosotros como personas generosas y sabias. Esto nada tiene que ver con el amor. Amar es comulgar con el otro, es descubrir en el otro una Chispa Divina" (Thomas Merton).

• Solamente los matrimonios en proceso de sanación, pueden en verdad invitar a otros matrimonios a sanarse...

• Los matrimonios que se han bañado en las aguas de las crisis...

• Los matrimonios que han cruzado los desiertos de grandes desacuerdos...

• Los matrimonios que han aprendido a resolver sus conflictos, y después, a amarse con más fuerza...

• El sanarse y el curarse ocurren a través de las fuerzas y las energías de la empatía...

• Y para EMPATIZAR efectivamente, hay que intentar honestamente ponerse los zapatos del otro...

• Los pies de los matrimonios, que han estado en los zapatos de otros matrimonios, tienen mayor capacidad de mostrar la compasión sanadora...

• Relaciones matrimoniales y familiares en proceso curativos, promueven y garantizan las RIQUEZAS en y de las vidas de otros matrimonios y familias en procesos curativos...

• Los procesos curativos en los matrimonios y en las familias ENRIQUECEN a todos sus miembros...

• Sanación y enriquecimiento de matrimonios y de familias, son las dos caras de una misma moneda. Los matrimonios y las familias nos sanamos y nos enriquecemos al mismo tiempo...

- "El que esté sin pecado, que sea el primero en arrojar piedras…" dijo Jesús a los hombres que acusaban a la mujer. Todos los matrimonios y las familias necesitan sanidad y enriquecimiento…

- Vivir un matrimonio saludable NO surge "por arte de magia" y sin hacer nada; un matrimonio saludable no simplemente "cae del cielo" como una obra milagrosa, o se obtiene automáticamente como parte de casarse, porque "nos amamos hasta la muerte" y tenemos buenas intenciones y deseos, venimos de buenas familias, somos religiosos, y tenemos buena educación…

- Para disfrutar de un matrimonio saludable tenemos que crearlo y construirlo paso a paso, usando habilidades y destrezas que se adquieren con ENTRENAMIENTO…

CONVERSATORIO – CAPÍTULO 22

(1) ¿Por qué a las personas en la primera etapa del amor, el enamoramiento (las otras tres etapas del amor son: la pasión, el romance/intimidad y el compromiso) les resulta fácil pensar que sus matrimonios son "comunidades sanadoras"?
_____
_____
_____

(2) Ya dentro del matrimonio, la esposa y el esposo están participando activamente en todas las etapas del amor: el enamoramiento, la pasión, el romance/intimidad y el compromiso. ¿Le resulta fácil al esposo y a la esposa sanar su matrimonio mientras ayudan a sanar a otros matrimonios? Si_____ No_____

(3) Explica brevemente la respuesta que diste a la pregunta # 2.
_____
_____
_____

(4) ¿Creen ustedes que su matrimonio es una "comunidad sanadora"? Si_____ No_____

(5) ¿Qué han hecho específicamente hasta ahora para que su matrimonio sea una "comunidad sanadora"?
_____
_____
_____

(6) ¿En cuáles situaciones/circunstancias/conductas les resulta a ustedes más fácil funcionar como una "comunidad sanadora"?
_____
_____
_____

Capítulo 23
El modelo del matrimonio creado por Dios

Tú puedes descubrir y practicar el modelo de matrimonio creado por Dios. Y el descubrirlo y aprender a vivirlo en tu vida de matrimonio diariamente, traerá a tu relación matrimonial una nueva dimensión. Descubrirás cómo dos personas "perfectamente imperfectas" pueden vivir en armonía.

Hay algunas lecciones que los matrimonios estables y felices aprenden. Primero, descubren cuál es el modelo de matrimonio de Dios; segundo, estudian ese modelo de matrimonio detenidamente; y tercero, aprenden sus lecciones y las practican en su diario vivir como marido y mujer.

Estas son algunas lecciones del modelo de matrimonio creado por Dios:

Lección 1 - El matrimonio es un pacto, que se asemeja a un triángulo.

Lección 2 - El matrimonio es un equipo ganador, en el que cada jugador (esposo/esposa) tiene papeles específicos que desempeñar.

Lección 3 - El matrimonio es un cuerpo, que para mantenerse sano, cada miembro tiene que cumplir sus funciones cabalmente.

Lección 4 - El matrimonio es una relación de amistad (los esposos tienen que ser más amigos que marido y mujer).

Lección 5 - El matrimonio crea muchos conflictos, por lo tanto, los esposos tienen que hacerse expertos solucionadores de conflictos amigablemente.

Lección 6 - El matrimonio hay que vivirlo con mucho humor (Es un lugar para reírse, NO para sepultar muertos; es una alcoba de placer, no un cementerio).

Lección 7 - El matrimonio es el lugar donde conviven dos seres enamorados (por amor, los esposos aprenden a convivir armoniosamente con sus "defectos de fábrica").

CONVERSATORIO – CAPÍTULO 23

(1) ¿Por qué a las personas en la primera etapa del amor, el enamoramiento (las otras tres etapas del amor son: la pasión, el romance/intimidad y el compromiso) les resulta fácil practicar el modelo de Dios en sus matrimonios?

_____
_____
_____

(2) Ya dentro del matrimonio, la esposa y el esposo están participando activamente en todas las etapas del amor: el enamoramiento, la pasión, el romance/intimidad y el compromiso. ¿Le resulta fácil al esposo y a la esposa practicar el modelo de Dios dentro de su matrimonio?
Si_____No_____

(3) Explica brevemente la respuesta que diste a la pregunta # 2.
_____
_____
_____

(4) ¿Creen ustedes que su matrimonio sigue e imita el modelo de matrimonio de Dios? Si_____No_____

(5) ¿Qué han hecho específicamente hasta ahora para imitar el modelo de Dios dentro de su matrimonio?
_____
_____
_____

(6) ¿En cuáles situaciones/circunstancias/conductas les resulta a ustedes más fácil practicar el modelo de matrimonio Dios?
_____
_____
_____

Capítulo 24
Las perspectivas de Dios comparadas con las perspectivas sociológicas del matrimonio

Tú debes saber, que las perspectivas sociológicas del matrimonio, y que los estudios de la sociología moderna sobre los beneficios de la vida en matrimonio, apoyan las perspectivas de Dios acerca del matrimonio.

El matrimonio es una institución iniciada y bendecida por Dios, para beneficio de los seres humanos, según leemos en Génesis 1:28.

El matrimonio ha sido creado para ser fructífero; para que a través de éste los seres humanos se multipliquen; y para formar un clima propicio para la crianza de los hijos.

Perspectivas de Dios

El hombre forma una unidad con su esposa, separada de sus padres, según el texto de Génesis 2:24.

El matrimonio es una relación cercana e íntima en la que cada persona es especial y única, según Génesis 2:23.

Los cónyuges mantienen una relación de cooperación mutua formando un equipo ganador para el beneficio de la relación, conforme leemos en Génesis 2:18, siendo ayuda idónea uno del otro.

Marido de una sola mujer y mujer de un solo marido, según Timoteo 1-3:2.

El cristianismo condena el adulterio y la fornicación, según Gálatas 5: 19.

Dentro del matrimonio se promueve la santidad y el honor de cada cónyuge, de acuerdo con Efesios 5: 27.

El amor y el respeto son dos de los pilares en que se fundamenta el matrimonio bíblico cristiano, según Efesios 5:33.

Desde la perspectiva bíblica, el cuidado diario de doble vía es lo propuesto para los casados, de acuerdo con 1Corintios 7: 33 y 34.

"Marido vivid ellas (con sus mujeres) sabiamente, dándole honor como a vasos más frágiles, y como a co-herederas de la gracia de la vida", según Pedro 1-3:7.

"Mujer sujétese a su marido, respetándolo y amándolo, según leemos en Pedro 1-3:1.

Deberes Conyugales

- ✓ "El marido cumpla con la mujer el deber conyugal, y la mujer con el marido. No se nieguen el uno al otro a no ser por un tiempo, y por mutuo consentimiento", según 1Corintios 7:3 y 5.
- ✓ Responsabilidad de proveer, según Timoteo 1-5:8.
- ✓ Ser guía y modelo, de acuerdo con Proverbios 22:6.

✓ Brindar apoyo emocional.

Perspectivas sociológicas

Las ciencias sociales han llegado a las siguientes conclusiones acerca del matrimonio:

Conclusión 1

El matrimonio aumenta la probabilidad de que haya una buena relación entre padres e hijos.

Conclusión 2

Las uniones libres o de concubinato no son funcionalmente equivalentes al matrimonio.

Conclusión 3

Crecer fuera de un matrimonio intacto de los padres, aumenta la probabilidad de que los hijos tengan un divorcio en su adultez, o que sean padres solteros.

Conclusión 4

El matrimonio es prácticamente una institución humana universal.

Conclusión 5

El divorcio y el nacimiento de un hijo de padres solteros, aumenta la pobreza para niños y madres.

Conclusión 6

Parejas casadas logran construir más riquezas, en comparación con los solteros y las parejas en uniones libres o en concubinato.

Conclusión 7

Los hombres casados ganan más dinero que los solteros, con similar educación y experiencia de trabajo.

Conclusión 8

El no casarse y el divorciarse parece aumentar el riesgo de que los niños fallen en la escuela.

Conclusión 9

El divorcio de los padres reduce la probabilidad de que sus hijos se gradúen de colegios y logren trabajos de alta categoría.

Conclusión 10

Los niños que viven en un matrimonio intacto, disfrutan de mayor salud física, en comparación con niños en otros tipos de familias

Conclusión 11

El matrimonio está asociado con un marcado bajo riesgo de mortalidad infantil.

Conclusión 12

El matrimonio está asociado a un reducido average en el abuso de alcohol, y otras sustancias, entre los adultos y los adolescentes.

Conclusión 13

Personas casadas, especialmente hombres casados, tienen más alta expectativa de vida, que sus similares solteros.

Conclusión 14

El matrimonio está asociado a una mejor salud, y baja proporción en enfermedades de incapacidad física para hombres y mujeres.

Conclusión 15

Los niños cuyos padres se divorcian, tienen una mayor proporción de angustias psicológicas y enfermedades mentales.

Conclusión 16

El divorcio parece aumentar el riesgo al suicidio significativamente.

Conclusión 17

Las madres casadas tienen más baja proporción de depresión, que las madres solteras o las madres dentro de un concubinato.

Conclusión 18

Muchachos criados en familia de un solo miembro de los padres o padres solteros, tienen más probabilidad de involucrarse en violencia y en conductas criminales.

Conclusión 19

El matrimonio parece reducir el riesgo de que los adultos cometan o sean víctimas de un crimen.

Conclusión 20

Las mujeres casadas parecen tener menos riesgo de experimentar violencia doméstica, que las que están en concubinato o en uniones libres.

Concluían 21

Un niño que no vive con sus propios padres casados, está en más alto riesgo de abuso infantil.

Capítulo 25
¿Cómo sanar un matrimonio en apuros (crisis)?

Si tu matrimonio está en "apuros", no tienes por qué dejarte dominar del miedo, la vergüenza y la culpa. Toma la sabia e inteligente decisión de buscar asesoría matrimonial.

SANANDO Y ENRIQUECIENDO MATRIMONIOS EN "APUROS"

A continuación, se dan algunos hábitos maritales que practican matrimonios en crisis:

Los esposos practican el "ciclo del ataque"
- ✓ Yo te critico
- ✓ Yo me defiendo
- ✓ Nosotros nos contra-criticamos

Los esposos practican el "bloque de la intimidad emocional"
- ✓ Yo "embotello" mis sentimientos negativos hacia ti.
- ✓ Tú te guardas tu emociones negativas hacia mí.
- ✓ Nosotros acumulamos (almacenamos) una bomba de estrés.

Los esposos practican el "juego del escondido"

- ✓ Yo me escondo a tu verdadero "tú".
- ✓ Tú te escondes de mi verdadero "yo".
- ✓ Nosotros vivimos vidas emocionales ficticias.

Los esposos practican conversaciones matrimoniales inseguras

- ✓ Como yo te ataco
- ✓ Y tú me atacas cuando te sientes atacado
- ✓ Nosotros nos sentimos "inseguros" cuando conversamos

Los esposos practican una comunicación "estancada"

- ✓ Cuando me casé contigo, sepulté mis "sueños"
- ✓ Tú también mataste mis "sueños"
- ✓ Nosotros NO somos un matrimonio: somos dos cadáveres en un cementerio

Los esposos practican la evasión de la "intensidad emocional"

- ✓ Yo no puedo curarme frente a ti…
- ✓ Tu presencia me enferma…
- ✓ Nosotros vivimos un matrimonio con las emociones "enlatadas"

Los esposos practican una "guerra verbal"
- ✓ Tú sola presencia me enferma…
- ✓ Cuando te me acercas, el estómago se me "revoltea"
- ✓ Nosotros vivimos un matrimonio que "huele a vómitos viejos"

Los esposos practican el "alejamiento emocional"
- ✓ Yo no puedo expresar mis emociones de ira/enojo contigo…
- ✓ Me he "tragado mis enojos" durante todo nuestro matrimonio…
- ✓ Nosotros somos el matrimonio más "infelizmente domesticado" que hay sobre la tierra.

Los esposos practican "enfocarse en los hijos"
- ✓ Tú "nunca" has satisfecho mis necesidades de mujer…
- ✓ Tú "nunca" has satisfecho mis necesidades de hombre…
- ✓ Pero nuestros hijos son las "luces de nuestras almas"

SANANDO Y ENRIQUECIENDO MATRIMONIOS EN "APUROS RELACIONALES"

El 80 por ciento de todos los matrimonios están en algún grado de "apuro relacional":

• Todo matrimonio legal y relacional se basa en alguna forma de relación íntima de los cónyuges. El hombre y la mujer han tomado la decisión de entrar y transitar por las cuatro (4) fases del amor romántico o de pareja amorosa: El Enamoramiento, la Pasión, el Romance/Intimidad y el Compromiso. Y la pareja está viviendo dentro de su relación amorosa, en algún nivel de estas fases del amor romántico.

• Esta relación íntima contiene características y expectativas específicas asignadas por los miembros de la pareja matrimonial.

• Toda pareja amorosa se hace estas dos preguntas consciente o inconscientemente. ¿Por qué se casaron? ¿Qué necesidades individuales y colectivas buscan satisfacer con el matrimonio?

• Algunos tipos de necesidades que las parejas románticas traen al matrimonio son las siguientes: espirituales, emocionales, psicológicas, intelectuales, sociales, culturales, físicas, fisiológicas, sexuales, financieras, etc.

Los "apuros relacionales" de los matrimonios suelen agravarse, si no se atienden a tiempo

¿Cuáles factores o elementos agravan los apuros relacionales en un matrimonio?

• La pareja no satisface consistentemente las necesidades que la trajeron al matrimonio... (¿Qué los trajo al matrimonio?)

• La pareja no nutre su matrimonio, el cual es como una planta que necesita alimentación y cuidado (amor, cariño, compasión)

• La pareja carece de compañerismo y amistad. Los esposos no practican las cualidades de los amigos.

• La pareja practica un enfoque comunicativo en los conflictos, en lugar de un enfoque comunicativo en las soluciones. La pareja tiene más negativismo que positivismo y carece de una perspectiva optimista. (Los esposos NO se dicen cinco (5) cosas positivas por cada cosa negativa que se expresan).

• A la pareja le falta creatividad e innovación. La pareja permite que la rutina mate su matrimonio a largo plazo. La pareja NO practica Citas Amorosas o Románticas regularmente.

• La pareja tiene deficiencias para trabajar en equipo y no se comporta como una ayuda idónea el uno para el otro. Por lo tanto, la pareja no es un equipo ganador.

• La pareja descuida la vida financiera, muchas veces por tener fobia a las finanzas del hogar.

• La pareja descuida la vida sexual y carece de un romanticismo balanceado que mantenga viva las chispas del amor romántico entre ellos.

Los tres (3) tipos de "apuros" relacional por los que una pareja puede pasar

Apuro relacional 1 - Restauración

• Restaurar algo: volverlo a su estado original; restaurar una casa, una obra de arte, una relación, etc., utilizando el mismo material original.

• Restaurar la salud: una persona se siente enferma, con algo de fiebre. Llama a su médico, hace una cita, va a la consulta. El médico la examina y le da una receta. La persona lleva la receta a la farmacia, recibe los medicamentos y los lleva a su casa. Por sí misma, la persona toma los medicamentos como han sido indicados.

Los matrimonios que necesitan restauración conservan todos los elementos e ingredientes para disfrutar de un matrimonio exitoso, estable, sano y feliz.

• Estos matrimonios tienen un buen grado de amistad mutua.

• Estos matrimonios enfrentan sus conflictos amigablemente y se dicen cinco (5) cosas positivas por cada cosa negativa que se expresan.

- Estos matrimonios están mutuamente comprometidos con la relación matrimonial.

- Pero estos matrimonios que necesitan restauración han descuidado algunas áreas. Puede ser que su descuido amoroso esté relacionado con las citas amorosas o románticas, o las finanzas, o la vida sexual, o la comunicación con respeto y mutua confianza, etc.

- ¡Estos matrimonios necesitan restaurar las áreas descuidadas! La restauración matrimonial en algún área de la vida marital, es una necesidad que la tienen más del noventa por ciento de todos los matrimonios. Todo matrimonio necesita de manera constante y consistente ajustar, balancear, retocar, recordar, reavivar, renovar, rejuvenecer, aumentar, crecer algún aspecto de su vida de matrimonio. Todos los matrimonios de esta tierra se benefician con la restauración.

Apuro relacional 2 - Reconstrucción

- Reconstruir: construir una parte que se había destruido; volver a edificar una parte destruida, para completar un todo.

- Reconstruir la salud: una persona se siente tan enferma, que llama la ambulancia. Los paramédicos de la ambulancia la llevan a la emergencia del hospital. Los médicos la examinan, y las enfermeras le proveen los medicamentos que necesita para curarse, mientras la dejan en el hospital algunos días para observación.

Estos matrimonios que necesitan reconstrucción han destruido algunos de los elementos e ingredientes que son indispensables para vivir un matrimonio exitoso, estable, saludable y feliz

• La pareja ya NO se comporta como amigos íntimos y profundos.

• La pareja permite que sucedan más cosas negativas que positivas en su relación e interacciones diarias.

• El compromiso que la pareja tiene con el matrimonio está en "entredicho" y no es firme, estable, decidido.

• La pareja ha permitido que las siguientes áreas de su relación matrimonial estén afectadas: su vida sexual, sus finanzas, sus citas románticas o amorosas, la comunicación, etc.

• ¡Estas parejas necesitan reconstruir los elementos y los ingredientes que han sido DESTRUIDOS dentro de su matrimonio!

• La reconstrucción matrimonial es un trabajo más profundo y delicado. Por lo general, requiere de asesoría matrimonial más especializada y consistente. Estas parejas ya han perdido algunos elementos e ingredientes indispensables para disfrutar una vida matrimonial mutuamente satisfactoria. Si estas parejas deciden tener un matrimonio, tienen que reconstruir los ingredientes de la vida matrimonial que han sido destruidos.

Este trabajo para especialistas en asesoría matrimonial empieza con una profunda evaluación de la vida matrimonial de estas parejas en necesidad de reconstrucción. Los dos protagonistas principales, tienen que decidir entrar a esta asesoría matrimonial, con la actitud espiritual y mental de por lo menos darse la oportunidad de reconstruir su matrimonio, antes de que se destruya totalmente. Estas parejas deben sacar esta motivación de una decisión consciente, no de sus sentimientos.

Por lo general, las parejas en necesidad de reconstrucción no conservan muchos sentimientos amorosos uno hacia el otro. Los sentimientos amorosos son parte de las necesidades de intimidad espiritual y emocional que unieron a estas parejas. Y puede que estén allí heridos, "malcriados", resentidos, dormidos, y quizás medio "muertos". Cuando las parejas toman la decisión consciente de reconstruir su matrimonio, se abren posibilidades para que los sentimientos amorosos se sanen y reconstruyan, junto a las demás reconstrucciones de la vida matrimonial de estas parejas. Un asesor matrimonial con destreza facilita este proceso.

Apuro Relacional 3 - Reconciliación

• Reconciliar: construir algo que se había destruido totalmente; volver a hacer algo nuevo, usando nuevos materiales.

• Reconciliar la salud: la persona ya en la emergencia del hospital, se le descubre un tumor y necesita de una operación inmediata. La persona se le pone una anestesia general, y los cirujanos empiezan a operar. ¡Las enfermeras administran todos los medicamentos que la persona necesita a través de su sangre, mientras la persona está inconsciente!

En estos matrimonios ya NO existe ninguno de los elementos y los ingredientes que contiene un matrimonio exitoso, estable, saludable y feliz.

• ¡Esta pareja puede estar legalmente casada, pero ellos dos NO son un matrimonio!

• ¡Esta pareja puede estar viviendo bajo el mismo techo, y aun dormir en la misma cama, pero ellos dos NO son un matrimonio!

• Los miembros de estos matrimonios ya NO son amigos. Todo lo que sucede entre ellos es negativo, NO tienen compromisos con el matrimonio, o los compromisos que retienen no son los legítimos.

• ¡Estos matrimonios necesitan de un cirujano, para que haga una o varias cirugías en la relación matrimonial!

• Este es un trabajo mucho más delicado, profundo y especializado. Los matrimonios que necesitan reconciliación definitivamente necesitan de asesores especializados en las áreas de asesoría matrimonial y familiar. El trabajo regular y normal de Dios es producir milagros sanadores. Y estos matrimonios necesitan realmente un milagro sanador de reconciliación matrimonial.

Algunos de estos matrimonios ya están bien cercanos a un "punto sin retorno". Otros matrimonios ya han entrado y han estado por algún tiempo en un "punto sin retorno". Desgraciadamente, las parejas entran a estos "puntos sin retorno" en su vida matrimonial de manera inconsciente. Es decir, estas parejas entran allí paso a paso y despacito, y cuando las situaciones y las circunstancias explotan, por lo general un miembro de pareja ya no desea estar en la relación amorosa. La reconciliación amorosa de las parejas que han entrado a este punto, es un trabajo más de un milagro de Dios, que de las destrezas de los asesores matrimoniales. Pero el trabajo de los asesores matrimoniales es indispensable para asegurarse que el milagro matrimonial tome los cursos apropiados. La reconciliación matrimonial es una tarea compleja, ardua, intensa, especializada y humana. Y nunca olvide que es especialmente una tarea milagrosa.

Capítulo 26
Pasos para crear Ministerios de Matrimonios y Familias o Club de Parejas en las iglesias locales

La idea central de este libro es que cada iglesia local tenga un ministerio de matrimonios y familias. Que en cada iglesia local haya un club de parejas, círculo de matrimonios o una pastoral familiar. Este capitulo te enseña cómo crearlo, y el material del libro te ayuda a mantenerlo vivo.

Paso 1
Con la dirección de Dios, la aprobación de los pastores, y la voluntad y motivación de los matrimonios de la Iglesia.

Tareas Previas:

Paso 2
Hacer un censo escrito y tabulado de los matrimonios de la Iglesia.

El censo incluye:

Cuántos matrimonios son miembros y asisten a la Iglesia regularmente, incluyendo los matrimonios desiguales y disparejos. Cuántas personas divorciadas, separadas, solteras con edad de matrimonio, y que buscan una pareja.

Informaciones en el censo:

Nombres de los participantes
Dirección
Teléfono, celular, e-mail
Fecha de boda, unión, etc. (para celebrarlas en cada reunión de los matrimonios)

Paso 3
Ponerle un nombre al ministerio de matrimonios y familias dentro de la Iglesia local.

Posibles nombres:
Pastoral Familiar
Club de parejas
Círculos de Matrimonios
Cualquier otro nombre creativo y atractivo para los participantes

¿Quiénes participan en el Ministerio de Matrimonios y Familias?

Paso 4
Todos los matrimonios miembros de la Iglesia y/o que asisten a la Iglesia participan en las reuniones de los matrimonios.

El Club de Parejas tiene que hacer énfasis en las

mujeres/hermanas que vienen a la Iglesia sin sus esposos (porque ellos NO son cristianos).

Además, el Club de Parejas hace énfasis en los matrimonios de la comunidad, amigos de los matrimonios de la iglesia local, quienes serán invitados a reuniones y eventos especiales para matrimonios (cena/conferencia, charlas matrimoniales y sobre crianza saludable, etc.).

Cada matrimonio tiene por lo menos tres (3) matrimonios amigos. En una iglesia local que tenga veinte (20) parejas, y cada pareja tiene otras tres parejas amigas. Si cada una de estas 20 parejas de la Iglesia trae a las reuniones de matrimonios a sus 3 parejas amigas, muy pronto habrá 80 parejas en estas reuniones. Pero cada una de estas 60 parejas amigas nuevas traídas a las reuniones, tiene por lo menos otras 3 parejas amigas.

Esto podría agregarle 180 parejas más a las reuniones de matrimonios de la Iglesia. Y cada una de estas 180 nuevas parejas, tiene por lo menos 3 parejas amigas. Y esto podría agregarle a las reuniones de matrimonios otras 540 parejas nuevas más. Y recuerde que debes multiplicar estos números por dos (2). Con el trabajo de los matrimonios y de las familias es donde realmente empieza el verdadero avivamiento espiritual de una iglesia local. Por eso, nuestro enemigo le teme tanto a este trabajo y lo minimiza, opaca, impide que los líderes tengan esa visión, y algunos casos lo destruye. Un poderoso liderazgo matrimonial y familiar es la respuesta de Dios para esta hora de la humanidad y de la iglesia local.

Paso 5
Matrimonios coordinadores y co-coordinadores.

Con la aprobación de los pastores y de la pareja, se elige un matrimonio de la iglesia para coordinar el Ministerio de Matrimonios y Familias de la iglesia local o Club de Parejas; esta pareja necesita poseer buenos niveles de liderazgo matrimonial; este matrimonio líder matrimonial debe estar en el proceso de resolver sus propias crisis y conflictos matrimoniales y estar viviendo un matrimonio estable, saludable y exitoso (No hablamos de matrimonios "perfectos" que NO existen, sino de matrimonios SALUDABLES)..

Se elige además, otro matrimonio como co-coordinador del Club de Parejas.

Se eligen dos parejas más voluntarias para ayudar en las tareas y funciones del ministerio, dependiendo de cuántas parejas visiten la iglesia. Los pastores de la iglesia local deben liderar este proceso, pero ellos deben delegar en algún momento este trabajo a los matrimonios de la iglesia. Ellos deben ser solamente los monitores del proceso.

Criterios básicos para elegir estos matrimonios líderes:

Estos matrimonios líderes del ministerio de matrimonios pueden haber tenido serias crisis matrimoniales en el pasado, pero han encontrado maneras efectivas para superarlas; y en el presente están viviendo matrimonios estables, sanos y exitosos en cuatro grandes áreas:

(1) Crianza de los hijos (el factor número uno que crea conflictos en los matrimonios y las familias)

(2) Los quehaceres domésticos (el manejo de la miniempresa matrimonial y familiar)

(3) Las finanzas del matrimonio y la familia

(4) La vida sexual de la pareja

Estos matrimonios líderes han aprendido a manejar las siguientes cuatro emociones dentro de su matrimonio, y pueden hablar de ellas en público frente a otros matrimonios:

(1) El Amor (tener una idea clara del amor matrimonial)

(2) El Miedo (manejar esta emoción apropiadamente)

(3) La Vergüenza (conocer los efectos de esta emoción)

(4) La Culpa (entender los poderes de esta emoción)

Estos matrimonios líderes pueden hablar de sus matrimonios frente a otros matrimonios y en público sin mayores dificultades.

Estas parejas líderes tienen que recibir entrenamiento sobre liderazgo matrimonial. Este entrenamiento incluye cómo sus propios matrimonios pueden ser más estables, saludables y felices; cómo transformarse en mentores y facilitadores de otros matrimonios. Estos matrimonios líderes están dispuestos, motivados y deseosos de transformarse en mentores y facilitadores de otros matrimonios.

Paso 6
Regularidad de las reuniones.

Las reuniones de los matrimonios debe suceder por los menos una vez por mes; es necesario mantener consistencia y regularidad de las reuniones matrimoniales.

Paso 7
Lugares de las reuniones.

Siempre que sea posible, las reuniones matrimoniales se celebran fuera del altar; ¡las reuniones del ministerio de matrimonios y familias de la iglesia NO es otro "culto" regular de la iglesia! Este es un ESPACIO de la iglesia local, para bendecir, sanar y enriquecer a los matrimonios y las familias que asisten a la iglesia, y a los de la comunidad donde la Iglesia sirve como Luz y Sal del mundo.

Paso 8
Tópicos y temas para dialogar y tratar en las reuniones.

Las recetas y los temas de este libro se pueden usar como base para los temas en las reuniones de los matrimonios. Se organizan eventos y actividades especiales como: retiros, celebraciones, charlas, conferencias, etc.

A los líderes matrimoniales se les debe dar entrenamiento sobre cómo manejar grupos efectivamente, las dinámicas de los grupos, y el manejo de temas matrimoniales sensitivos.

Estos matrimonios deben saber cómo empezar las reuniones (rompiendo el hielo, introducciones). Ellos tienen que conocer además, el proceso que deben seguir las reuniones de matrimonios (el manejo de las dinámicas de los grupos). También tienen saber cómo concluir las reuniones (ejercicio final de clausura y cerrar el tema positivamente).

Paso 9
Objetivos y metas de las reuniones.

Algunos de los objetivos de las reuniones son:

- (1) Celebrar los matrimonios. Aprender que estar casado NO consiste solamente en lavar platos sucios, limpiar la casa y mantenerla limpia y arreglada, lavar ropas sucias, pagar deudas, etc.
- (2) Celebrar los matrimonios y la vida de matrimonio con citas amorosas o románticas; estas reuniones matrimoniales se consideran citas románticas, por lo tanto, NO se admiten niños (cada matrimonio o el grupo de matrimonios tiene que hacer previos para que los hijos sean atendidos durante este tiempo de y para la pareja solamente).

(3) Escuchar y aprender de otros matrimonios. Qué hacen estos matrimonios para mantenerse estables, felices, contentos; cómo resuelven sus conflictos cotidianos; qué hacen para criar a sus hijos saludablemente; cómo manejan sus finanzas; qué y cómo hacen sus quehaceres domésticos; cómo satisfacen su vida sexual. Qué hacen estos matrimonios para mantener sus relaciones matrimoniales a niveles que los satisfacen mutuamente.

(4) Celebrar los matrimonios con música, la expresión de talentos/dones, flores, comidas, risas, carcajadas, buen humor, chistes, espiritualidad sana, comedias.

(5) Descubrir y expresar facetas y aspectos de la personalidad, hasta ese momento desconocidas por la otra parte de la pareja matrimonial; y aprender a expresar estas facetas con gozo y buen humor.

(6) Aprender a amar y expresar amor a su pareja con alegría, ternura, humor, risas (disfrutando las partes positivas y agradables de la pareja, y aprendiendo a convivir armoniosamente con las partes negativas y desagradables); aprendiendo a sacarle la mejor partida a los "defectos de fábricas" que trajimos nuestros matrimonios.

(7) Practicar ejercicios de comunicación en los que el humor sea el elemento central: hacer humor de los incidentes de enojo e ira, los malentendidos, los conflictos creados por desacuerdos, los momentos de

"bajón emocional" o depresivos, los "errores" cometidos, las malas decisiones.

Bibliografía

Bradshaw, John. "La familia".
Selector Autoridad Editorial, México 2000

Barron, James Douglas. "Ella quiere un anillo"
Ediciones Urano, SA, Barcelona 2001

Baugh, Kay Allen, "Chocolate para el corazón de la mujer".
Editorial Diana, USA 2000

Beck-Gernsheim, Elizabeth. "La re-invención de la familia"
Ediciones Paidos Ibérica, S.A., Barcelona, España 2003

Chinmoy, Sry. "El Jardín del Amor".
Editorial Sirio, SA, USA 1974

Creighton, James L. PhD. "Claves para pelearse sin romper la pareja". Longseller, Errepar, Buenos Aires, Argentina 2002

Carlson, Kristine. "No te ahogues en un vaso de agua".
Editora Aguilar, Altea Tauros, S.A., Bogota, Colombia 2003

Chapman, Gary, "El matrimonio: pacto y compromiso".
Editorial A & W Publishing Electronic Services, Inc., USA 2004

Dyer, Wayne W. "El poder de la intención". Hay House, Inc., Carlsbad, CA, 2005

Doyle, Laura. "Entregada pero no sometida".
Editorial Norma, SA., Bogota, Colombia 2001

Dumay, Regine. "Cómo hacer bien el amor a un hombre".

Randon House Mondari, SA, España 2005

Dunker, José Rafael. "Los vínculos familiares: una sicopatología de las relaciones familiares".
Editora BUHO, Santo Domingo, República Dominicana, 2003

Dunker, José Rafael. "Iguales y Diferentes: Un estudio sobre cuestiones de género, matrimonio y familia". (Segunda edición) Editora BUHO, Santo Domingo, República Dominicana, 2008

Dunker, José Rafael. "Crónicas Familiares".
Sea Editorial, Santo Domingo, República Dominicana, 2008

Dunker, José Rafael y Fior de Jesús de Dunker. "Mejor que cuando novios". Sea Editorial, Santo Domingo, República Dominicana, 2008

Dunker, José Rafael y Fior de Jesús de Dunker. "Como criar bien los hijos sin destruir el matrimonio".
Sea Editorial, Santo Domingo, Republica Dominicana, 2008

Dunker, José Rafael. "Consejería desde la Iglesia Local".
(Segunda Edición) Editora BUHO, Santo Domingo, República Dominicana, 2008

Easwaran, Eknath. "El Amor nunca Falla".
Editorial Atlántida, Buenos Aires, Argentina 1986

Engel, Beverly. "Ámale sin dejar de quererte".
Editorial Randon House-Mondadori, Barcelona, España 2002

Eldredge, John y Stasi. "Cautivante".
Editorial Caribe S. A. Inc., Nashville, TN, USA 2005

Gray, John. "Martes y Venus enamorados".
Editorial Emece, SA, Buenos Aires, Argentina 1997

Gray, John. "Martes y Venus hacen las paces".
Editorial Emece, SA, Buenos Aires, Argentina 1996

Gottman, John M. "Siete Reglas de oro para vivir en pareja".
Plaza & Janés Editores, S.A., Barcelona, España 2000

Goldberg, James G. "El lado oscuro del Amor".
Ediciones Obelisco, USA 1995

Grayson, Henry PhD. "Mindful Living".
Penguin Group Publishers, S.A., USA 2003

Huxley, Laura. "Recetas para vivir y amar".
Editora Integral, Barcelona, España 1963

Jamison, Heather. "Recuperemos la intimidad".
Editorial Portavoz, USA 2007

Juan Ortiz Dr. y Arline Hernández, "Las Reglas del Amor".
Editorial Grijalbo, México 2003

Lerner, Harlet. "El miedo y otras emociones indeseables".
Ediciones Oniro S.A., Barcelona, España

McGraw, Phil. "La familia primero".
Santillana Ediciones Generales, SA, Editorial Aguilar, México 2006

MacGregor, Cynthia. "Juegos y actividades para realizar en familia"

Editorial Paidos S.A.I.C.F., Buenos Aires, Argentina 2000

Mclagan, Pat. "El Cambio es cosa de todos".
Ediciones Urano, S.A., Barcelona, España 2003

Fromn, Erick. "El Arte de Amar".
Ediciones Paidos Ibérica, S.A., Barcelona, España 1959

McCraw, Dr. Phillip C. "Rescate su relación"
(Plan Estratégico para Conectarse con su pareja)
Editorial Diana, S.A., México 2003

Piquer, Florencia. "Cómo disfrutar en pareja".
Gidesa, Argentina 1999

Real, Terrence. "Cómo puedo entenderte".
Ediciones Urano, Barcelona, España 2002

Riso, Walter. "La felicidad es mucho más que amar".
Grupo Editorial Norma, Bogota, Colombia 2003

Silveira, Miguel. "El arte de las relaciones personales".
Editorial Alba, Barcelona, España 2003

Smith, Robin L. "Mentiras ante el Altar". Santillana, Ediciones Generales, USA, 2007

Suárez, Juan y R. Blanca. "Matrimonios es algo más que Amor". Ediciones Suagar, Orlanco, Florida 2001

Stemberg, Robert J. "La Experiencia del Amor".
Editora Paidos Ibérica SA, Barcelona, España 2000

Vásquez, Carmen Inoa y Dra. Gil, Rosa María, Dra. "La paradoja de María".

Randon House Inc., USA 1996
Weiner-Davis, Michele. "Felizmente casados, sexualmente felices". Grupo Editorial Norma, New York 2003

Yorkey, Mike (Compilador). "Cómo Cultivar un Matrimonio Saludable". Editorial Unilit, Miami Florida, USA 1996

Zorrilla, Héctor. "Psicología masculina y femenina del matrimonio". Editorial Taller, Santo Domingo, Rep. Dominicana, 1987

Zorrilla, Héctor "La Psicología del amor: Aprender a Amar". Editora Taller, Santo Domingo, Rep. Dominicana, 1989

Zorrilla, Héctor. "Psicología sexual de la pareja". Editora Taller, Santo Domingo, Rep. Dominicana, 1988

Zorrilla, Héctor. "Los reinos de la ternura". Editora El Nuevo Diario, Santo Domingo, Rep. Dominicana, 2006

Zorrilla, Héctor y Clemencia. "Recetas para enriquecer tu matrimonio. Cómo mantener las llamas del amor". Ed. Búho, Santo Domingo, Rep. Dominicana, 2008

Los pastores Zorrilla ofrecen e imparten talleres de 3 a 4 horas de duración. Estos son algunos de sus talleres matrimoniales:

1. Cómo puedes disfrutar del poder sanador del perdón
2. Cómo puedes aprender algunas claves para que tu matrimonio sea exitoso, estable y saludable
3. Cómo usar el amor para sanar tu matrimonio
4. Cómo transformarte en una pareja optimista y crear un matrimonio saludable
5. Cómo puedes ser una pareja espiritual y emocionalmente inteligente para aprender los mapas de amor de tu pareja

También se ofrecen e imparten seminarios de 4 a 6 horas de duración (todo un día del sábado).

(1) Seminarios sobre la sanidad de la familia y crianza saludable:

- ✓ Cómo sanar a tu familia
- ✓ La difícil tarea de ser joven en el siglo XX1
- ✓ La compleja tarea de criar y comunicarnos con los adolescentes
- ✓ La familia como un sistema
- ✓ La familia que Dios bendice
- ✓ La visión que Dios tiene de una familia saludable
- ✓ El joven de hoy en el noviazgo
- ✓ Otros temas

(2) Seminarios que participan solamente hombres:

- ✓ Cómo ser un hombre de valor: los hombres que Dios bendice
- ✓ Cómo sanar la imagen de Dios en ti, hombre
- ✓ Cómo sanar tu sexualidad
- ✓ Cómo sanar tus relaciones con tus progenitores
- ✓ Cómo sanar tus relaciones con las mujeres
- ✓ Otros temas

(3) Seminarios para matrimonios:

- ✓ Cómo puedes tener un matrimonio creativo
- ✓ Cómo mantener el romance en tu matrimonio
- ✓ Cómo puedes crear y mantener una "cuenta bancaria" de amor en tu pareja
- ✓ Cómo puedes utilizar las diferencias para crecer en tu matrimonio
- ✓ Cómo puedes disfrutar de la sexualidad en tu matrimonio
- ✓ Cómo puedes usar el Hablarse y el Tocarse para mantener vivas las llamas de tu amor
- ✓ Cómo puedes aprender a comunicarte para resolver conflictos… ¡y no para crearlos!
- ✓ Otros temas

Los esposos Zorrilla ofrecen e imparten charlas matrimoniales de una hora y media de duración. Algunos temas de sus charlas:

1. Cómo encontrar y mantener tu pareja para toda la vida
2. Cómo ser una pareja saludable que mantiene su matrimonio saludable

3. Cómo evitar los hábitos que practican los matrimonios en "apuro"
4. Cómo satisfacer las expectativas de tu pareja en tu matrimonio
5. Cómo aprender a comunicarte para crecer en tu matrimonio
6. Cómo cultivar el jardín de tu amor en tu matrimonio
7. Cómo basar tu matrimonio en un pacto de amor eterno
8. Cómo llegar a ser una "sola carne" en tu matrimonio
9. Cómo ser un equipo ganador en tu matrimonio
10. Cómo hacer crecer el romance cada día en el matrimonio
11. Cómo encontrar a tu pareja "irresistiblemente sabrosa" todo el tiempo
12. Cómo disfrutar de las 4 fases del amor en tu matrimonio
13. Otros temas

*Los esposos Zorrilla son pastores, psicólogos especializados en las áreas del matrimonio, la familia y la sexualidad humana. Además, son escritores de varios libros y conferencistas frecuentemente invitados a hablar sobre temas matrimoniales y familiares en todo el mundo. Los esposos Zorrilla producen el programa Radial de Televisión "Que vivan los matrimonios".

Pedidos de conferencias y consultas:

HÉCTOR Y CLEMENCIA ZORRILLA
MISIÓN PARA VIVIR, INC (MIPAV)
Parkway Station
PO Box 622504
Bronx, NY 10462
Tel 646-401-5111 ~ Cel 917-439-0821
E-mail: Hector.zorrilla@misionparavivir.org
www.misionparavivir.org

Recetas
para enriquecer matrimonio

"Recomiendo altamente esta obra, y una vez mas: GRACIAS esposos Zorrilla por pensar en los matrimonios de este siglo".
Apóstol Carlos Luis Vargas

"En esta hora de la humanidad donde la familia tiene que ser una prioridad de todos nosotros, surge *Receta para Enriquecer tu matrimonio* de los esposos Zorrilla, sin lugar a dudas un libro que enriquecerá su hogar y le bendecirá junto a los suyos".
Dr. Miguel & Margarita Amadís.

Héctor Zorrilla es esposo, padre, pastor, psicólogo y conferencista. Tiene estudios de psicología y de consejería matrimonial y familiar. En el presente, junto a su esposa **Clemencia**, están dedicados a impartir charlas, conferencias, talleres y seminarios sobre temas del matrimonio, la familia, liderazgo y la juventud. Además, son invitados con frecuencia a iglesias y organizaciones cristianas para hablar en retiros y congresos de hombres, mujeres, jóvenes y líderes. Son animadores del programa de radio y TV "¿Qué vivan los matrimonios!" que se transmiten en los EEUU, América Latina y Europa.

 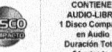

CONTIENE:
AUDIO-LIBRO
1 Disco Compacto en Audio
Duración Total: 54 minutos

Misión Hispana de Radio & TV
P.O. Box 59
Apopka, Florida 32704-0059 USA
www.MisionHispanadeRadio.com

© 2008 Derechos Reservados por SRTVM

RECETAS PARA ENRIQUECER TU MATRIMONIO:
CÓMO MANTENER LAS LLAMAS DEL AMOR

Distribuido por:

MISIÓN PARA VIVIR, INC, (MIPAV)
PARKWAY STATION, P.O. BOX 622504; BRONX, NY 10462 USA
WWW.MISIONPARAVIVIR.ORG

PEDIDOS:

Llámenos a: 646-401-5111 o 917-439-0650
Envíe un mensaje por e-mail:
hector.zorrilla@misionparavivir.org
Visite nuestra página:
www.misionparavivir.org

Acerca de los Autores

Los autores del presente libro "Recetas para enriquecer tu matrimonio", son los distinguidos esposos, Héctor y Clemencia Zorrilla.

Héctor y Clemencia Zorrilla Se casaron al final de sus años de de adolescentes. Recién casados, se mudaron al sur de su país de origen, la República Dominicana, y se dedicaron a levantar nuevas iglesias. Estuvieron en Barahona, Neyba, Fundación, El Peñón, y varios otros pueblos del sur del país, donde levantaron nuevas iglesias.

Fueron pastores además en el Seibo, Sabana de la Mar, Jobo Dulce (donde construyeron un templo), y Santo Domingo. Como pastores de las Iglesias Bíblicas Cristianas, fueron conferenciantes para campamentos y retiros de Jóvenes y matrimonios, Secretario nacional y Presidente de las Asociación de las Iglesias Bíblicas Cristianas. En la República Dominicana, fueron por varios años invitados especiales de las Iglesias Metodista Libre y las Iglesias Bautistas para hablar en sus Retiros de Matrimonios, de jóvenes y otros. En los Estados Unidos los esposos Zorrilla siguen recibiendo hoy día invitaciones para conferencias, retiros, talleres, seminarios, charlas de estas y otras iglesias, concilios y denominaciones cristianas. Además, reciben invitaciones de iglesias en otras partes del mundo, desde Australia hasta Costa Rica, para traer sus dinámicos seminarios, talleres, charlas, conferencias.

Por varios años representaron en la República Dominicana el Ministerio El Camino de la Vida, produciendo programas radiales para Radio Trans-Mundial y otras emisoras en toda la América Latina, y dando seguimiento a todos los oyentes del programa en todo el mundo.

Héctor tiene estudios teológicos del Instituto Bíblico Bautista, Seminario Bíblico Latinoamericano, y de la extensión del Instituto Bíblico Cristiano. El hermano Zorrilla estudió Psicología Clínica en la UASD, y Clemencia estudió Orientación Escolar en la misma universidad. Los dos están ordenados al ministerio. Fundaron el Centro Especializado de Psicología Aplicada (CEPSIA) del cual fue su Director Ejecutivo hasta que emigró a los Estados Unidos en 1989. Por medio de CEPSIA impartió docenas de seminarios, talleres, conferencias; además de cursos de educación continuada en universidades, INTEC y otras.

Ya en los Estados Unidos, Héctor ha ejercido posiciones como: Consejero Familiar, Supervisor de Consejeros y trabajadores sociales, Director de programas de trabajos sociales y de salud mental, asesor de programas para la ciudad de Nueva York.

Como autor, Héctor es ha publicado varios libros, que han sido de gran aceptación al público en general. Sus obras son: (1) Psicología Femenina y Masculina del Matrimonio; (2) Psicología Sexual de la Pareja; (3) La Psicología del Amor: Aprender a Amar (volumen 1); (4) Los Reinos de la Ternura (colección de relatos cortos).

De la autoría de Héctor y Clemencia, se ha publicado la siguiente serie en audio-libro: (1) Recetas para enriquecer tu matrimonio; (2) Recetas para enriquecer tu corazón; (3) Recetas para criar hijos triunfadores.

Próximo libro de los esposos Zorrilla: "Recetas para enriquecer tu vida sexual: cómo disfrutar tu sexualidad en el matrimonio".

Los esposos Zorrilla han publicado además, cientos de artículos en periódicos y revistas de muchas partes del mundo! Emigraron a los Estados Unidos en el 1989. Héctor continuó sus estudios en universidades de Norteamérica , y tiene grados en psicología, maestría de salud mental, post-maestría en consejería familiar y liderazgo de CUNY y de Cornell University.

Hace varios años, Héctor y Clemencia fundaron Una Misión para Vivir, Inc., (MIPAV) de la cual son presidentes. En el presente, están totalmente dedicados a promover matrimonios y familias saludables y desde las perspectivas de Dios, dentro de las iglesias locales y las comunidades donde éstas predican.

Actualmente, están terminando varios libros que saldrán al público próximamente de la autoría de los dos. Dos audio-libros de su autoría ya están en el público: "Recetas para enriquecer tu matrimonio", y "Recetas para enriquecer tu corazón".

Los pastores Zorrilla producen el programa radial y de TV "Que Vivan los Matrimonios", que se transmite en emisoras de los Estados Unidos, América Latina y Europa. La versión para la TV sale en varios canales de Nueva York, y con planes de que pronto se transmita en varios canales de TV en América Latina.

Héctor y Clemencia son frecuentemente invitados a dictar charlas, seminarios, talleres, conferencias, en retiros, iglesias, conferencias para jóvenes, matrimonios, hombres, mujeres, jóvenes, líderes, dentro de los Estados Unidos y otros países .

Los esposos Héctor y Clemencia Zorrilla han recibido un llamado especial de Dios para trabajar con líderes/pastores, matrimonios, familias y jóvenes dentro de las iglesias locales. Además del llamado de Dios para hacerlo, ellos tienen dos razones válidas para dedicarse con pasión a este ministerio. .

Primera razón, para que los jóvenes reciban orientación y NO entren al matrimonio en su adolescencia; ellos creen firmemente que el matrimonio NO es para adolescentes. Segunda razón, para que los matrimonios en las iglesias NO tengan que pasar por todas las crisis matrimoniales que ellos pasaron, sin tener la oportunidad de recibir ayuda y orientación efectivas dentro de sus iglesias locales.

Los autores están comprometidos con Dios y con los pastores y líderes de las iglesias, para que en cada iglesia local haya un Ministerio de matrimonios y familias o pastoral familiar, que ayude y oriente a los matrimonios y a las familias que componen las iglesias, así como preparar a los jóvenes de para tener matrimonios saludables, exitosos, estables y felices.